Die Welt erleben

Norwegen

Als ich zum ersten Mal diese Landschaft sah, hatte ich das Gefühl,
hier hat Gott selbst Hand angelegt.
Horst Tappert

Die Welt erleben

Norwegen

Grandiose Natur im hohen Norden

Martin Schulte-Kellinghaus · Erich Spiegelhalter
Bernhard Pollmann

BRUCKMANN

Willkommen in Norwegen

Seite 12/13 *Die berühmte Fassade der Hansehäuser in Bergen.*
Seite 14/15 *Hübsche Villen am Hang über dem Oslofjord in der Nähe von Oslo.*
Seite 16/17 *Der berühmten Wasserfall »Sieben Schwestern« am Geirangerfjord steht unter dem Schutz der UNESCO. Die Fallhöhe liegt bei bis zu 300 Metern.*
Seite 18/19 *Ganzjährig befördern die Postschiffe der Hurtigruten heute hauptsächlich Touristen.*

NORWEGEN
Südteil
N
0
50 km
Nationalpark
EUROPÄISCHES
NORDMEER
SCHWEDEN
NORWEGEN
BØRGEFJELL
NATIONAL PARK
Namskogen
Namsos
Grong
Steinkjer
Trondheimfjorden
Meraker
Stjørdal
Trondheim
Orkanger
Støren
Brekken
Kristiansund
Halsa
Rindal
Ulsber
Röros
Os
FERMUNDSMARKA
NATIONAL PARK
Angvik
Oppdal
Molde
Sunndalsør
Driva
Tynset
Moldefjord
Åndalsnes
Westkap
Trollstigen
DOVREFJELL
NATIONAL PARK
RONDANE
NATIONAL PARK
Ålesund
Storfjord
Sunnylvsfjord
Dombås
Rauma
Hjørundfjord
Geiranger
Gudbransdal
Lom
Vågåmo
Volda
Geirangerfj.
Stryn
Otta
Nybergsund
Lagen
Nordfjordeid
Måløy
Nordfjord
Jostedalsbreen
JOTUNHEIMEN
NATIONAL PARK
Lillehammer
Elverum
Skei
Lustrafjord
Fjærlan
Urnes
Fagernes
Gjøvik
Hamar
Florø
Sogndal
Brandu
Kirkenær
Balestrand
Borgun
Vadheim
Aurlands
fjord
Vik
Gol
Sognefjord
Aurland
Leirvik
Gudvangen
Torpo
Kondsvinger
Geilo
Honefoss
Rødberg
Voss
Oslo
Knarvik
Lofthus
HARDANGERVIDDA
NATIONAL PARK
Bergen
Hardangerfjord
Kongsberg
Odda
Moss
Skare
Notodden
Åsgårdstrand
Rosendal
Røldal
Frederikstad
Hovden
Telemark
Skien
Eidsborg
Sandelfjord
Porsgrunn
Larvik
Sauda
Bykle
Langsund
San
Valle
Kragerö
Haugesund
Sørlandet
Boknafjord
KARMØY
Skudeneshavn
Tau
Lysefjord
Otr
Stavanger
Arend
Sandnes
Evje
Tonstad
Grimst
Egersund
Kristiansan
Flekkefjord
Mandal
Lyngdal
Südkap Lindesnes
Barentssee
Europ. Nordmeer
Murmansk
Narvik
nördlicher Polarkreis
RUSSLAND
NORWEGEN
SCHWEDEN
Trondheim
FINNLAND
Helsinki
St.Petersburg
Ost-
see
Oslo
Bergen
Stockholm
Riga

NORWEGEN
Nordteil
N
0
50 km
Nationalpark
Nordkap
Gamvik
MAGERØYA
Kjøllefjord
Mehamn
Berlevåg
ROLVSØYA
Honningsvåg
Laksefjord
NORDKINN-HALVØYA
Båtsfjord
Vardø
PORSANGER-HALVØYA
Porsangerfjord
VARANGER-HALVØYA
Hammerfest
KVALØYA
Ilfjord
Vadsø
SØRØYA
Russenes
Tana Bru
SEILAND
Skaidi
Varangerfjord
STABBURSDALEN NATIONALPARK
Grense Jakobselv
STJERNØYA
Kirkenes
Øksfjord
Talvik
Utsjoki
Bjørnevath
Skjerrøy
Alteidet
Alta
Tana
Finnmark
Lyngen
Karasjok
KVALØYA
Tromsø-brücke
Tromsø
Inari-järvi
ØVRE PASVIK-NATIONALPARK
NORDMEER
REISA NATIONALPARK
Skibotn
Bidjovagge
ØVRE ANARJÅKKA NATIONALPARK
Inari
Gryllefjord
Andenes
SENJA
Finnsnes
Kautokeino
RUSSLAND
Kilpisjärvi
Andsfjord
ANDØYA
ÅNDERDALEN NATIONALPARK
Moen
Kilpissee
Vågsfjord
VESTERÅLEN
Risøyhamn
ANDØRJA
ØVRE DIVIDAL NATIONALPARK
Harstad
LOFOTEN
Sortland
HINNØYA
Stokmarknes
Bjornfjell
Vesterålsfjord
Narvik
LAPPLAND
Torneträsk
AUSTVÅGØYA
Svolvær
VESTVÅGØYA
1893 m
Storsteinsfjellet
FLAKSTADØYA
Stamsund
Kebnekaise
2111 m
Vestfjord
Nikkaluokta
Innhavet
Å
MOSKENESØYA
Akkajaure
Akka
VÆRØY
Værøy
Kjerringøy
Stora Sjöfallet
RØST
RAGO NATIONALPARK
Stora Lulevatten
Bodø
Fauske
Rapaätn
Nördlicher Polarkreis
NORWEGEN
Storjord
Ørnes
SALTFJELLET/ SVARTISEN NATIONALPARK
Mo i Rana
Nesna
Sandnessjøen
Mosjøen
Hemavan
BØRGEFJELL NATIONAL PARK
Namskogen
Storuman
Grong
LOFOTEN
N
0
20 km
Fähre
Hurtigrute
Andenes
Andfjord
Dverberg
ANDØYA
VESTERÅLEN
Risøyhamn
GRYTØYA
Myre
Harstad
Vågsfjord
Jennestad
LANGØYA
Sortland
Strand
HINNØYA
Stokmarknes
HADSELØYA
Melbu
Morfjord
Trollfjord
AUSTVÅGØYA
Fiskebøl
Lødingen
Raftsund
GIMSØYA
LOFOTEN
Eggum
Hov
Gimsøy
Borg
Svolvær
Utakleiv
Vikspollen
Kabelvåg
Bognes
Skarberget
FLAKSTADØYA
Napp
Henningsvær
Flakstad
Leknes
Stamsund
Mortsund
VESTVÅGØYA
Vestfjord
Skutvik
Sund
Nusfjord
MOSKENESØYA
Kirkefjord
Moskenes
Reine
Å
NORWEGEN
Moskenstraumen
VÆRØYA
Bodø

MADAM FELLE
ENGELEN NIGHTCLUB
viking viking
Welcome to the World Heritage site, Bryggen
Willkommen zum
Bryggen
Chef
HELLAND

JUHLS'
BRYGGEN HUSFLID
1480.

LYS
NORDLYS
SCHENKER
termo

Grandiose Natur im hohen Norden erleben

Norwegen erstreckt sich über 13 Breitengrade hinweg von den Schären der Skagerrakküste zu den UNESCO-Welterbefjorden an der Westküste und bis zum Nordkap-Felsen in der Brandung des Nördlichen Eismeers, von den höchsten Gipfeln Skandinaviens bis zur Insel Jan Mayen mit dem nördlichsten Vulkan der Erde. Knapp 600 Kilometer vor dem nördlichsten Punkt Festlandeuropas liegt die Inselgruppe Spitzbergen, der nördlichste Außenposten des Landes der Mitternachtssonne. Diese gewaltige Süd-Nord-Ausdehnung entspricht allein auf dem Festland der Entfernung Hamburg–Neapel und ist mit einer landschaftlichen, botanischen und kulturellen Vielfalt verbunden, deren Grundlagen nahezu überall die gleichen sind: Fjord und Fjell, Meer und Fels, Gebirge, Sonne, Sturm und Eis prägen seit Menschengedenken das Leben in Norwegen. Auch im Hightech- und Ölboomzeitalter zu Beginn des dritten Jahrtausends dominieren dort Großartigkeit und Allgewalt der Natur. Der landschaftlichen Vielfalt des Königreichs unter der Mitternachtssonne entspricht eine ebenso reiche Kultur.

In den nur kurzen norwegischen Sommern erstrahlt die Landschaft in besonders leuchtenden Farben.

Im Land der Mitternachtssonne

Fjorde, Mitternachtssonne, ewiges Eis: Die Fahrt mit einem der Hurtigruten-Schiffe von der Weltkulturerbe-Stadt Bergen längs der Westküste und durch die Lofoten-Inselgruppe nach Kirkenes an der Barentssee zählt zu den schönsten Schiffsreisen der Erde. 1893 wurde die »Schnellroute« als Fracht- und Postdienst gegründet, heute werden die Reisen mit den luxuriösen Schiffen meist als Kreuzfahrten angeboten – elf unvergessliche Tage dauert die hin und zurück zwei Mal 2920 Kilometer lange Fahrt, auf der zur Mittsommerzeit die Sonne nördlich des Polarkreises nicht untergeht. Der Fahrplan ist so eingerichtet, dass die Schiffe in den Häfen, die sie während der Hinfahrt nachts anlaufen, auf der Rückfahrt tagsüber anlegen, sodass die Passagiere während der Hin- und Rückfahrt tatsächlich die gesamte Küste erleben.

Die Hurtigruten-Kreuzfahrt kann durch Landausflüge ergänzt werden. Die unterschiedlich langen Ausflüge umfassen Museumsbesuche, Stadtbesichtigungen, den Abstecher zum Nordkap oder die Fahrt vom Geirangerfjord über den Trollstigen in die Jugendstilstadt Ålesund. Sie werden mit Bussen und kleineren Schiffen sowie jahreszeitlich mit Schneemobilen, Speedbooten oder Husky-Gespannen durchgeführt. Eventuelle Ausrüstung wie Thermohandschuhe, Spezialstiefel usw. werden gestellt.
Kapitän Richard With aus Tromsø initiierte die Hurtigrute Ende des 19. Jahrhunderts als Post- und Frachtschifffahrtslinie. Da die Schiffe damals wegen der Gefährlichkeit des Küstenfahrwassers nachts vor Anker lagen, wurde er für verrückt erklärt, als er eine ganzjährig Tag und Nacht befahrene Schiffsverbindung vorschlug. Am 2. Juli 1893 startete der erfahrene Kapitän mit der *DS Vesteraalen* von Trondheim nach Hammerfest zur erfolgreichen ersten Hurtigrutenfahrt. 1898 folgte die Südverbindung nach Bergen, seit 1914 ist Kirkenes an der Barentssee der nördliche Wendepunkt.
Mit der Hurtigrute nutzte Norwegen erstmals seit der Wikingerzeit wieder die vom Golfstrom erwärmte See im Küstenbereich als ganzjährig befahrbare Verbindung zwischen West-, Mittel- und Nordnorwegen. Im Winter avancierte die Hurtigrute zum Rückgrat der norwegischen Verkehrsinfrastruktur, da das Landesinnere bis weit ins 20. Jahrhundert hinein kaum durch Straßen und Eisenbahnen erschlossen war. Während die wenigen Straßen im Winter unpassierbar waren, steuerten die für ihre Erfahrung und Zuverlässigkeit berühmten Hurtigruten-Kapitäne ihre »Postschiffe« auch durch Winterstürme und brachten Passagiere und Fracht »hurtig« ans Ziel.

Von Bergen in den hohen Norden

Jeden Abend startet ein Hurtigruten-Schiff in der Hansestadt Bergen nordwärts, durchfährt die Inselwelt im Einzugsbereich von Sogne- und Nordfjord, läuft die Häfen Florø, Måløy und Torvik an und erreicht am folgenden Morgen die Jugendstilstadt Ålesund, von der aus im Sommer der Abstecher in den Geirangerfjord angeboten wird.
Von Måløy geht die Seereise längs der Insel Vågsøy durch den Ulvesund. Vor der Nordspitze der Insel blinkt das Leuchtfeuer Skogsnes fyr, der Leuchttum Kråkenes Fyr an der Nordwestspitze von Vågsøy steht an der stürmischsten Stelle Norwegens, die Wellen schlagen zuweilen 45 m bis zum Leuchtturm hinauf. Nach Durchfahren der Bucht Sildegapet umfährt die Hurtigrute die Halbinsel Stadland mit Norwegens Westkap. Durch die Bucht Vanylvsgapet verläuft die Grenze zwischen den Provinzen Sogn og Fjordane und Møre og Romsdal: Auf der Backbordseite liegen die Sunnmøre-Inseln Kvamsøy und Sandøy, auf der Steuerbordseite ragen die Gipfel der Insel Gurskøy bis zu 661 m aus dem Meer.

1 *Die meisten Einwohner von Kautokeino hoch im Norden gehören zur Gruppe der Samen. Touristen können sie besuchen und die noch ursprüngliche Lebensweise bestauenen.* – 2 *Das Nordlicht – »Aurea borealis« – ist eines der beeindruckendsten Naturschauspiele im hohen Norden.*

1

2

Die Schiffe folgen in etwa der Route, die der Polarforscher und spätere Friedensnobelpreisträger Fridtjof Nansen an Mittsommer 1893 mit der »Fram« befuhr. In seinem Expeditionsbericht »In Nacht und Eis« (1897) schreibt er über die Abfahrt in Bergen: »Nordwärts die Röte des verschwindenden Tages, hinter uns der Mond groß und rund über den Bergen. Vorn ragten Alden und Kinn wie ein Märchenland aus der See empor. So müde ich auch war, konnte ich mich doch nicht entschließen, meine Koje aufzusuchen, ich musste all diese Schönheit in langen erfrischenden Zügen einsaugen. Wie Balsam legt es sich auf die Seele ...«
Nordöstlich der Jugendstilstadt Ålesund bietet die Hurtigrute unvergessliche Blicke über den Grytafjord hinweg zu den Gipfeln der Sunnmørsalpen und fährt durch den Midsund an den Felswänden der Otrøy vorbei. Bei der Insel Tautra vereinigen sich Molde-, Romsdals- und Tomrefjord, wenig später öffnet sich vor der Rosenstadt Molde das »Moldepanorama« mit mehr als 200 Gipfeln im weiten Rund über dem Molde- und dem Romsdalsfjord. Wo auf Höhe des Leuchtfeuers Bjørnsund fyr die offene See der gefürchteten Hustadvika erreicht wird, gleitet steuerbord der Hafen von Bud mit seinen traditionellen Holzhäusern in vielen Farben vorbei. Wie in der Krönungsstadt Trondheim besteht auch in anderen Häfen die Möglichkeit zum Landgang.
In Rørvik an der Namdalsküste begegnen sich allabendlich zwei Hurtigruten-Schiffe. Es besteht die Möglichkeit, das jeweils andere Schiff zu besuchen.
Nördlich von Rørvik ist auf der Insel Leka ein Wahrzeichen der Namdalsküste sichtbar, die Felsformation Lekamøya, die durch die Sagas mit der nördlich anschließenden Helgelandküste im Nordland verbunden ist, einer der spektakulärsten Küstenlandschaften der Erde. Das zweite Wahrzeichen dieser Küste ist der durchlöcherte »Hutberg«Torghatten kurz vor Erreichen des Hurtigruten-Hafens von Brønnøysund. Nansen erlebte die Nordlandküste wie folgt: »Darauf ging es nordwärts, an dem herrlichen Nordland entlang. An einigen Plätzen hielten wir an, um gedörrte Fische als Proviant für die Hunde an Bord zu nehmen. Wir fuhren vorüber am Torghatten, den Sieben Schwestern, Hestmona, Lovund und Træna, weit draußen im Meere, an den Lofoten und wie alle diese schönen Punkte heißen. Eine kühne Riesenform wilder und schöner als die andere. Es ist eine Märchenwelt für sich – ein Traumland.«
Zu den Höhepunkten der Fahrt durch die Inselwelt von Lofoten und Vesterålen zählt an Mittsommer der Abstecher in den im Winter meist vereisten Trollfjord, dessen Felswände so eng stehen, dass großen Kreuzfahrtschiffen die Einfahrt in den Fjord unmöglich ist. Da die größeren Hafenstädte auch nachts auf die Ankunft der Hurtigruten-Schiffe eingestellt sind, bietet sich in Tromsø, dem »Paris des Nordens«, die Möglichkeit zu einer mitternächtlichen Seilbahnfahrt auf den Gipfel des Stornstein, von dem sich eine prachtvolle Aussicht auf die Stadt, die Inseln und die See bietet. Bei alledem muss freilich das Wetter mitspielen. Fridtjof Nansen berichtet über seinen Aufenthalt in Tromsø am 12. Juli 1893: »Tromsø bereitete uns einen kalten Empfang: Ein heftiger Sturm aus Nordwest mit Regen und Schneetreiben hatte sich eingestellt. Berge, Felder und Dächer waren am nächsten Tag mit Schnee bedeckt. Es waren die ungemütlichsten Julitage, die ich je erlebt habe. Die Bewohner von Tromsø behaupteten, sich eines solchen Julimonats nicht entsinnen zu können. Das geschah aber vielleicht aus Furcht, der Ort möge in schlechten Ruf geraten; denn in einer Stadt, in der man am Johannistag Schneeschuhrennen abhält, kann man auf allerhand gefasst sein.«
Hammerfest in Norwegens nördlichstem Fylke (= Provinz), in der Finnmark ist der nächste größere Hafen, dann geht es längs der Finnmarkküste am Nordkap-Felsen

vorbei ostwärts zum Fischereihafen Vardø an der Barentssee. Hier besuchte Nansen die Sauna, ehe er als »Wilder« gen Norden startete: »Der Baderaum selbst ist niedrig und mit Bänken versehen. Während man auf diesen liegt, wird man von heißen Dämpfen gekocht, die fortwährend erneuert werden, indem glühende Steine in einem der Hölle würdigen Badeofen mit Wasser begossen werden. Dabei wird man von jungen Mädchen mit Birkenreisern

1 *Der Berg Ulriken in der Nähe von Bergen lockt vor allem Wanderer, die für ihre Mühen mit fantastischen Panoramablicken belohnt werden.* – 2 *Aus der Luft sind die Inseln der Lofoten noch imposanter. Leider können diesen Blick die meisten Besucher so nicht genießen.* – 3 *Im Fjell zaubern die Pflanzen im Herbst leuchtende Farbtupfer in die Wiesen.*

gepeitscht, dann in anmutiger und zierlicher Weise geknetet, gewaschen und abgetrocknet.«
Während das Hurtigruten-Schiff von Vardø aus südwärts nach Kirkenes gleitet und dort seinen Endhafen erreicht, fuhr Nansen von Vardø aus in Richtung Arktis, doch der Beginn der Fahrt lässt sich auch auf einem Hurtigruten-Schiff ähnlich erleben: »Wir lichteten den Anker und verließen den Hafen von Vardø in der stillen Morgenstunde. Die Stadt lag noch in tiefem Schlummer, alles war so friedlich und schön ringsum. Nur etwas Lärm von

erwachender Arbeit auf einem einzelnen Dampfschiff im Hafen. Aus der Luke eines Ruderboots steckte ein schlaftrunkener Fischer den Kopf und sah uns nach, als wir an der Mole vorüberdampften; auf dem Zollkutter draußen stand ein Mann und fischte zu so früher Tageszeit. Es war just die rechte Stimmung, Norwegen zu verlassen! Oh, so wohltuend und still! Welche Erholung für die Gedanken! Frei von dem betäubenden Lärm der Menschen mit ihren Hochrufen und den dröhnenden Kanonenschüssen. Die Masten im Hafen, die Hausdächer und Schornsteine ragten in den frühen Morgenhimmel. Eben brach die Sonne durch den Nebel und beleuchtete den Strand, der hart, kahl und wettergebräunt, aber dennoch schön im Morgennebel lag; hin und wieder sah man ein paar Häuschen und Fahrzeuge – und dahinter das ganze Norwegen ...«

Fjord und Fjell

Die zentrale Gebirgskette Skandinaviens sind die Skanden, die in Norwegen im Galdhøpiggen mit 2469 Metern die höchste Landmarke Nordeuropas bilden. Im Westen stehen die Skanden fast überall in Verbindung mit den Fjorden beziehungsweise mit der offenen See, wo der warme Golfstrom für ein mildes Klima an den Küsten sorgt. Diese Verbindung von klimatisch begünstigter Küstenregion und Gebirge prägt fundamental das Landschaftsbild in Norwegen und ermöglicht ästhetisch einzigartige Erlebnisse vor allem im Bereich der Nordlandküste mit ihren surrealen Berggestalten, die sich fast unvermittelt aus der See erheben, und der von Fjorden geprägten Westküste: Die Felskanzel Prekestolen bricht in Wänden und Überhängen 700 Meter senkrecht zum Lysefjord ab, am Ende des Fjords durchsteigen Kletterer von Meeresniveau aus die 1000 Meter hohe Felswand des Kjerag. Das Miteinander von Fjord und Fjell findet sich selbst in der höchsten Gebirgsregion: Vom 2403 Meter hohen Hurrungane-Gipfel Storen in Westnorwegen sind es nur 15 Kilometer Luftlinie bis zum Lustrafjord.
Fjell ist in Skandinavien das Bergland oberhalb der Nadelwaldgrenze unabhängig von der Höhe über dem Meeresspiegel. Es umfasst in großer Vielfalt alle Geländeformen: Gipfel und Grate aller Schwierigkeitsgrate ebenso wie Gletscher, fruchtbare Almtäler und idyllische Seen, sanfte Kuppen und steile Geröllflanken, Birkenwälder und Moore, Schluchten, Canyons und Wasserfälle. Die landschaftlich schönsten Fjellregionen stehen als Nationalparks unter Schutz. Seit dem 19. Jahrhundert wurde das Fjell von wohlhabenden Touristen für Bergsportaktivitäten und Zivilisationsfluchten entdeckt, heute sind die Fjellgebiete ein Dorado für nahezu alle outdoororientierten Aktivitäten: Wandern, Angeln, Reiten, Trekking, Skiwandern usw. Die Höhe der Nadelwaldgrenze variiert erheblich. In Ostnorwegen liegt sie bei 900–1100 Meter und im Fjordland bei nur 400–500 Meter, in Nordnorwegen sinkt sie bis auf Höhe des Meeresspiegels ab.
Das Wort »Fjell« ist verwandt mit dem deutschen »Feld« und bezog sich ursprünglich auf die weiten, von eiszeitlichen Gletschern überformten Gebirgshochflächen. Heute wird unter »Fjell« alles Bergland oberhalb der Nadelwaldgrenze bezeichnet: das eher hügelige Bergland beidseits des Gudbrandsdalen ebenso wie das Plateaufjell mit seinen welligen Hochflächen oder das alpine Fjell mit alpin zugeschärften Gipfeln wie im westlichen Jotunheimen-Gebirge oder in den Hurrungane.

1 *Die Stabkirche von Hopperstad liegt idyllisch im Grünen.* – 2 *Auch die typischen Fischerhütten bei Mo i Rana sind umgeben von saftigen grünen Wiesen und fantastischer Natur.*

1

Ein besonderer Fjelltyp ist die Vidda. Die Bezeichnung »vidda« – verwandt mit deutsch »weit« – bezeichnet plateauartig weite, durch Bach- und Flusstäler stark gegliederte Hochflächen. Die bekanntesten Vidder sind die Hardangervidda und die Finnmarksvidda.
Die Berggebiete unterhalb der Nadelwaldgrenze werden als »Marka« bezeichnet. Zu den schönsten dieser Waldgebiete zählen die Oslomarka und die Großlandschaft Telemark, das Ursprungsland des modernen Skilaufs.

Uralte Magie

Altsteinzeitliche Felszeichnungen sind die ältesten Kulturwerke Norwegens. Diese mit einfachen Steinwerkzeugen in Felsen geritzten Darstellungen von Mythen, Träumen und Ritualen finden sich oft an Orten großer landschaftlicher Schönheit. Aufgrund der raschen Erwärmung nach der Eiszeit waren die norwegischen Gletscher um 6000 v. Chr. abgeschmolzen. Menschen, Tiere und Pflanzen erlebten ein Klimaoptimum mit Durchschnittstemperaturen, die zwei bis drei Grad über den heutigen lagen. Es war für den Norden eine Zeit der Wärme und den archäologischen Funden nach zu schließen auch eine Zeit des Friedens und Wohlstands.
Die nomadisierenden Träger der altsteinzeitlichen Wildbeuterkultur lebten von der Jagd und vom Fischfang und sammelten Muscheln, Pflanzen und Wurzeln. Dass mit Elch, Bär und Ren häufig Tiere dargestellt sind, deren Erjagung ein hohes Maß an Geschicklichkeit, Kraft und Mut erfordert, hat zur Deutung geführt, die Felszeichnungen hätten als magische Stellvertreterbilder die Jagd positiv beeinflussen sollen. An vielen Felsbildstätten wurden über lange Zeiträume hinweg – manchmal Jahrtausende – immer neue Zeichnungen geschaffen, sodass Felsbild-»Felder« entstanden, die mutmaßlich als rituelle Versammlungsplätze dienten. Auf dem Komsafjell, einem Bergsporn im nordnorwegischen Altafjord, ritzten Fischer und Jäger ab 7000 v. Chr. solche Zeichnungen in den Fels und errichteten die älteste bekannte Siedlung in Norwegen. In unmittelbarer Nähe schufen Wildbeuter ab 3000 v. Chr. bei Hjemmeluft in Alta mehr als 2000 Bilder in 42 steinernen Feldern. Der magische Bezirk mit den bedeutendsten Felszeichnungen nördlich der Alpen steht heute als Kulturerbe der Menschheit unter dem Schutz der UNESCO.
Die so genannte neolithische Revolution, der Übergang von der Wildbeuterkultur zur produzierenden Kultur der Jungsteinzeit, erfolgte in Norwegen erst nach 3000 v. Chr. Aus nomadisierenden Jägern und Sammlern wurden sesshafte Ackerbauern und Viehzüchter, die das Landesinnere erschlossen und für die der Begriff »Fruchtbarkeit« zentrale Bedeutung gewann. Produzierende Tätigkeit und Sesshaftigkeit schufen erstmals die Möglichkeit langfristiger Kapitalbildung, die Fruchtbarkeit der Äcker wurde zyklisch berechenbar auf der Basis eines solaren Ackerbaukalenders, die Fähigkeit der Frau, neues Leben hervorzubringen, wurde in Bezug gesetzt zur Fruchtbarkeit der Erde. Diese neue, am Fruchtbarkeitsaspekt orientierte Lebensform veränderte radikal das Wirtschaftsleben ebenso wie die Sitten und Gebräuche, die religiösen Vorstellungen, das Verhältnis zwischen Frauen und Männern und das soziale Gefüge und schuf wesentliche technische und geistige Grundlagen für die Jahrtausende bis heute.
Zu den bedeutendsten Felszeichnungen zählen die 85 Bilder in Kalhalgen im fruchtbaren Tal von Bakke am Südufer des Hardangerfjords. Sie entstanden während der bronzezeitlichen Ackerbaukultur in den Jahren 1500 bis 500 v. Chr. und werden als Symbole der Verehrung der Sonne wie der fruchtbaren Erde gedeutet. Zu den Motiven zählen Ringe, Schiffe und geometrische Muster sowie mehr als 20 menschliche Figuren, die einen feierlichen »Hieros Gamos« (eine heilige Hochzeit) zelebrieren.

3

1 *Die Finnmark – die »Mark der Finnen« – ist reich an Naturschönheiten und gleichzeitig Norwegens bervölkerungsärmster Verwaltungsbezirk.* – 2 *Die prähistorischen Steingravuren in Alta wurden rot eingefärbt, damit die Besucher sie besser erkennen können.* – 3 *Vorsicht, Trolle!*

1

2

3

Bei der zeitlichen Abfolge von Altsteinzeit, Neolithikum, Bronze- und Eisenzeit gab es in Norwegen geografisch große Unterschiede. Die Einführung neuer Technologien und Werkstoffe erfolgte zeitlich uneinheitlich. So wurde in der Wohnhöhle Storbåthalleren auf der Lofoten-Insel Flakstadøya festgestellt, dass Material und Bearbeitung der Werkzeuge in der Zeit von 3000 v. Chr. bis zum Jahre null nahezu unverändert blieben. Während in Südnorwegen längst die Eisenzeit begann, hielten sich in weiten Teilen des Nordens altsteinzeitliche Lebensweisen und Werkstoffe.

Entstehung der Gletscher

Germanische Mythen und Namen sind auch im öffentlichen Leben des modernen Norwegen allgegenwärtig. So gehören Freyja-Schokolade und Freyja-Backpulver zu den Standardprodukten, das Ausflugsschiff »Skibladner« auf dem größten norwegischen See trägt den Namen des von Zwergen gebauten Schiffs des Fruchtbarkeitsgottes Freyr.
Die Ankunft der später als germanisch bezeichneten Götter erfolgte spätestens um das Jahr 500 v. Chr. Damals wurden die in Norwegen siedelnden wohlhabenden Ackerbauern, Viehzüchter und Fischer mit den Trägern der eisenzeitlichen Kultur bekannt. Die Eisenkulturvölker waren kriegerisch orientiert und patriarchalisch strukturiert.
Wahrscheinlich hing diese Völkerwanderung auch mit der drastischen Klimaverschlechterung zusammen, die um das Jahr 500 v. Chr. begann und erdgeschichtlich als Subatlantikum bezeichnet wird. Es wurde kühler und feuchter, die Wald- und Schneegrenzen sanken ab, der Grundwasserpegel stieg an, flächenhaft einsetzendes Hochmoorwachstum führte zum Wüstfallen von Wirtschaftsräumen, Haustiere konnten nicht mehr im Freien überwintern und mussten aufgestallt werden, die Schneemassen im Gebirge verharschten und verfirnten, in Norwegen, in den Alpen und anderen Gebieten entstanden erstmals seit der Eiszeit wieder Gletscher – jene Gletscher, die heute zu den bedeutendsten Natursehenswürdigkeiten von Norwegen zählen.

Ynglinge und Wikinger

Durch seinen Sieg in der Wikingerschlacht im Hafrsfjord bei Stavanger um das Jahr 872 wurde König Harald Schönhaar aus der Ynglinge-Dynastie der erste »Reichssammler« (Reichsgründer) Norwegens, das bis dahin aus zahlreichen Kleinreichen bestanden hatte. Unter der Herrschaft der Ynglinge-Wikingerkönige erlebte Norwegen seine größte territoriale Machtentfaltung und die Einführung des Christentums. In Norwegen herrschten die Ynglinge mit Unterbrechungen bis zum Jahr 1319. Ihre Grablege in Borre am Oslofjord steht als Nationalpark unter Schutz. Die 27 Grabhügel in einem Hain zwischen Küste und Kirche bilden das größte Königsgräberfeld in Skandinavien. Göttliche Herkunft, Gründung eines expandierenden Staatswesens mit dem dynamischen Namen Nordvegr (Weg nach Norden), ein Großreich vom Oslofjord bis Island, die Einführung des Christentums – die Tradition dieser oftmals glorifizierten Großmachtzeit ist bis heute in Norwegen lebendig, und die Namen der Könige seit 1905 belegen, dass sich auch das heutige Königshaus in der Tradition der wikingischen Ynglinge sieht.
Die wikingischen Raub- und Plünderungszüge im christlichen Herrschaftsbereich begannen während der Eroberungs- und Religionskriege, die der Frankenkönig Karl der Große gegen die mit den »Nordmannen« zusammenwirkenden Sachsen (Sachsenkriege 772–804) führte

und die mit besonderer Grausamkeit geführt wurden. Die bevorzugten Ziele der Wikingerüberfälle waren christliche Macht- und Wirtschaftszentralen; zum Symbolort wurde Kloster Lindisfarne auf der englischen Insel Holy Island, das die Nordmannen im Jahr 793 zerstörten. Die Britischen Inseln wurden von norwegischen ebenso wie von dänischen Wikingern angesteuert, die sich dort auch immer wieder ggenseitig bekriegten. Norwegische Wikinger eroberten um 830 Teile Ir-

1 *Gletschersee-Impressionen am Sognesfjellsvegen im Nationalpark Jotunheimen.* – 2 *Der vergletscherte Fannaråken mit 2068 Metern.* – 3 *Keck hält der Troll in der Troll-Erlebnisstätte »Dovregubbens Hall« auf dem Dovrefjell sein Schwert fest.* – 4 *Im Nationalparkzentrum »Breheimsenteret« kann man bei Führungen auf den Gletscher Nigardsbreen teilnehmen. Gut gesichert geht's hinauf.*

lands und gründeten 841 am Südufer des Liffey die befestigte Siedlung Dyflinni (Dublin), die sich zur Hauptstadt eines bis zum Jahr 1014 bestehenden Wikingerreichs entwickelte.
Norweger eroberten in der ersten Hälfte des 9. Jahrhunderts die Färöer, die Shetland- und die Orkney-Inseln, wobei sie die keltische Bevölkerung von den Küsten vertrieben. Der norwegische Wikinger Ingólfur Árnason landete im Jahr 874 auf Island, gründete in der Nähe von heißen Quellen die Siedlung »Rauchbucht« (Reykjavík) und initiierte die dauerhafte (Neu-)Besiedelung der Insel.

1

Der militärische Druck, den König Harald Schönhaar auf diejenigen Wikinger ausübte, die sich der Reichseinigung nicht fügen wollten, führte zu massenhaften Migrationen, was immer neue Entdeckungen zur Folge hatte. Eirik Raude, der als notorischer Totschläger in Norwegen geächtet wurde und nach Island emigrierte, musste wegen seiner Mordtaten im Jahr 982 auch Island verlassen und entdeckte auf seiner neuerlichen Emigrationsfahrt eine Insel, der er in bewusster Irreführung den attraktiven Namen »Grønland« (grünes Land) gab. Tatsächlich lockte der auf Fruchtbarkeit hinweisende Name »Grönland« wikingische Emigranten an, und im Jahr 986 gründete Eirik Raude in Südgrönland die erste dauerhafte Siedlung. Eirik Raudes Sohn Leif Eiriksson gelangte um das Jahr 1000 bis nach Nordamerika, wo er in Vinland (wahrscheinlich Neufundland) überwinterte.
Die hochstehende technische und künstlerische Kultur wie den Wohlstand der Wikingerzeit belegen Funde aus dem Grabhügel der Königin Åsa im Oseberg am Oslofjord, wo die Königin und eine Begleiterin mit wertvollen Grabbeigaben in einem Wikingerschiff beigesetzt wurden. Das im frühen 9. Jahrhundert gefertigte, reich verzierte »Osebergschiff« ist ein 21,58 Meter langes und 5,10 Meter breites Zeremonial- und Prunkschiff aus Eichenholz für Fahrten in geschützten Gewässern. Hochseetüchtig hingegen war das ebenfalls auf der Osloer Museumshalbinsel Bygdøy ausgestellte »Gokstadschiff«: Dieses Kriegsschiff aus Eichenholz trug einen zwölf Meter hohen Mast und konnte zusätzlich mit 16 Ruderpaaren angetrieben werden. Die größeren Kriegsschiffe der Wikinger hatten 20 bis 32 Riemenpaare. Der schlanke, flachkielige Schiffstyp mit hoch aufragenden Vor- und Achtersteven einem großen, rechteckigen Rahsegel ermöglichte die Überwindung großer Distanzen mit Durchschnittsgeschwindigkeiten von bis zu 14 Knoten. Erst im 19. Jahrhundert erreichten Segelschiffe wieder vergleichbare Geschwindigkeiten und deutlich übertroffen wurden sie nur nur von maschinengetriebenen Dampfern. So lief die *Titanic* 22,3 Knoten.

Edda und Heimskringla

Auswanderer aus Norwegen und ihre Nachkommen schufen vor allem auf Island die altnordische Literatur, die an Umfang und Reichtum alle anderen germanischen Literaturen übertrifft. Viele Werke, so die Lieder-Edda, waren über Jahrhunderte hinweg in mündlicher Tradition weitergegeben worden. Niedergeschrieben wurden sie jedoch erst ab dem 13. Jahrhundert, sodass viele von ihnen christliche Einflüsse verraten.
Die Lieder-Edda ist eine Sammlung von Götter- und Heldenliedern und Spruchdichtungen. Um das Jahr 1220 schuf der isländische Gelehrte und Politiker Snorri Sturluson die Prosa-Edda, ein Skaldenlehrbuch mit einem die Lieder-Edda kommentierenden Abriss der germanischen Mythologie. Zehn Jahre später verfasste Snorri dann das aus 16 Sagas bestehende Monumentalwerk »Heimskringla« (Weltkreis), das die Geschichte der norwegischen Könige von den mythischen Anfängen der Ynglinge-Dynastie bis zum Jahr 1177 behandelt und zu den bedeutendsten Werken der europäischen Literatur des Mittelalters zählt. Unter dem älteren Titel »Sagas der Könige Norwegens« ist es bis heute eines der meistgelesenen Volksbücher in Norwegen.
Auf Heldenliedern der Edda basiert die um das Jahr 1260 auf Island entstandene »Völsunga saga«. Sie erzählt die Geschichte des Völsungen-Geschlechts von Odins Sohn Sigi bis zu den Taten des Drachentöters Sigurd, seiner Frau Gudrun und der zauberischen Brynhild und endet mit dem Massaker am Hof des Hunnenkönigs Attila. Sigurd, der Siegfried der deutschen

1 *Die Samen, das Urvolk von Lappland, pflegen auch heute noch ihre ursprüngliche Kultur. Der Name stammt von »Samek«, was »Sumpfleute« bedeutet.* – 2 *Steil bergab fällt der zweiarmige Wasserfall Låtefossen bei Odda.*

Nibelungensage, war eine der beliebtesten Gestalten der nordischen Heldendichtung. Seine symbolische Drachentötung wird häufig in Schnitzereien an Stabkirchen dargestellt.
Obwohl die norwegischen Ynglinge-Könige der Überlieferung zufolge von den germanischen Göttern abstammten, waren ausgerechnet sie es, die das Land christianisierten. Der erste christliche König war der in England getaufte Håkon der Gute (935–961), Harald Schönhaars Sohn; Träger des Widerstands gegen den neuen Glauben und seine politischen Konsequenzen waren die Bauern und die Trondheim-Jarle (Fürsten). Unter dem ebenfalls in England getauften Olav I. Tryggvason (995–1000) begann die blutige Zwangschristianisierung.
Olav I. gilt als erster »Missionskönig« Norwegens. Im Jahr 997 gründete er als Missionszentrum und königliche Machtzentrale die Stadt Nidaros (Trondheim). Die Christianisierung erstreckte sich auch auf Island, das der norwegische König zu seinem Reich zählte. Die wichtigste Gestalt während der Christianisierung wurde Olav II., der Heilige. Mit einer Wikingerflotte landete der Prinz im Jahr 1015 von England aus in Norwegen und begann mit der Eroberung des inzwischen dänischer und schwedischer Oberhoheit unterstehenden Landes. In den folgenden Jahren führte er das mit blutigen Germanenverfolgungen verbundene Christanisierungswerk Olavs I. fort und errichtete eine zentralistische Autokratie.
Die Unzufriedenheit über sein totalitäres Regime schlug in offenen Aufruhr um, als der dänisch-englische König Knud der Große seine Ansprüche auf Norwegen geltend machte und sich die Unterstützung großer Teile des Adels sicherte. Im Jahr 1028 floh Olav der Heilige nach Russland, Knud der Große wurde König von Norwegen.

Zwei Jahre später marschierte Olav der Heilige erneut in Norwegen ein, um seine Herrschaft wiederherzustellen, fiel jedoch am 29. Juli 1030 in Stiklestad am Trondheimsfjord in einer Schlacht gegen germanische Bauern, die sich im Kampf gegen den König mit den Dänen verbündet hatten. Durch seinen Tod im Kampf gegen die »Heiden« und die dänische Fremdherrschaft avancierte Olav der Heilige innerhalb kürzester Zeit zur Symbolfigur für ein geeintes, von ausländischer Herrschaft freies, christliches Norwegen. Die Leiche des Königs wurde nach Nidaros (Trondheim) übergeführt, der Totenschrein entwickelte sich zum Wallfahrtsziel, Olav wurde und ist bis heute der »Nationalheilige« von Norwegen.

Die Stabkirchen

Zu den herausragendsten Kulturschöpfungen der Christianisierung zählen die Stabkirchen. Die ersten wurden zur Zeit Olavs des Heiligen erbaut, die um das Jahr 1130 errichtete älteste erhaltene in Urnes am Lustrafjord mit ihren einzigartigen Schnitzereien steht als Weltkulturerbe der Menschheit unter dem Schutz der UNESCO.
Während sich die von Adel und Bürgertum finanzierten Steinkirchen der Städte in Architektur und Ausstattung an den romanischen bzw. gotischen Sakralbauten Englands und Festlandeuropas orientierten (Stavanger ab 1125, Bergen ab ca. 1130, Trondheim ab 1152), waren die Gotteshäuser der bäuerlichen Bevölkerung aus Holz errichteten
Stabkirchen sind Ausdruck einer bodenständig-konservativen Kultur, in der sich germanische und christliche Vorstellungen vermischten. Die Stabkirchen wurden meist in abgeschiedenen Tallagen in grandioser Naturszenerie auf germanischen Kultplätzen errichtet, sodass an diesen seit alters als heilig angesehenen Orten die kultische Tradition unter christlichem Vorzeichen fortgeführt wurde. An denselben Stätten, an denen germanische Gottheiten verehrt worden waren, wurde das Christentum gepflegt. Für das Jahr 1021, als Olav der Heilige einen Christianisierungsfeldzug im Otta- und im Gudbrandsdalen unternahm, ist dieses Prinzip für die Stabkirche von Garmo belegt. Der

1 *Die meisten Stabkirchen wurden nach der Reformation stark verändert. Hier die Stabkirche von Ringebu im Gudbrandsdalen, erbaut um 1200.* – 2 *Die geschnitzten Ornamente an den Wänden und Säulen der Holzkirchen sind keine heidnischen Tierdarstellungen, sondern geben gleichnishaft christliche Glaubensinhalte wider.* – 3 *Über dem Altarbild der Stabkirche von Ringebu befindet sich das von Löwen bekrönte und flankierte Monogramm des dänisch-norwegischen Königs Frederik IV.*

2

3

Bauer Torgeir der Alte errichtete an der Stelle eines germanischen »hof«-Tempels eine Kirche. Während das altnordische Wort »gard« einen Bauern- oder Königshof bezeichnet, war der »hof« bzw. »hov« der Platz für kultische Feiern.
Die Beibehaltung alter Kultstätten trug wesentlich zur Akzeptanz des neuen Glaubens bei der bäuerlichen Bevölkerung bei. Auch in Architektur, Symbolik und Schmuck der Stabkirchen sowie in viele Rituale und Kulte wurden Elemente des germanischen Glaubens integriert. In

»Unserer lieben Frau« war unschwer die christianisierte Liebes- und Fruchtbarkeitsgöttin Freyja zu erkennen, so in der hölzernen Madonnenfigur von Urnes mit ihren hüftlangen Zöpfen und dem am Hals durch eine Spange zusammengehaltenen Umhang (heute im Historischen Museum in Bergen). Wie bei den Steinkirchen wurde auch bei den Stabkirchen das uralte Symbol des Sakralschiffs aufgegriffen. Letztere standen jedoch architektonisch weitaus deutlicher in der Tradition nordischer Sakralschiffe, wie sie sich bereits auf Felszeichnungen finden und in Schiffssteinsetzungen sowie in Schiffsbestattungen beibehalten wurden.
Während bei hölzernen Profanbauten der Blockbau Standard war, bei dem die Stämme waagrecht übereinander geschichtet werden, wurden die Stämme bei den Stabkirchen senkrecht aufgerichtet. Diese Vertikalstellung führte die »Naturarchitektur« der germanischen heiligen Haine fort. In der Mitte des von den Stämmen umgebenen Sakralraums ragte wie der Weltenbaum ein Einzelstamm (»Mast«) auf, an dem die Dachkonstruktion hing: Diese »Einmastkirchen« waren die ältesten Stabkirchen und wurden in ihrer Architektur vermutlich direkt von der Opferplatzarchitektur germanischer »hof«-Tempel übernommen. Bau und Anlage der Stabkirchen wiesen bereits um das Jahr 1130 eine Perfektion auf, die nur durch eine lange einheimische Tradition erklärt werden kann, da ausländische Vorbilder fehlen. Bei entsprechendem Platzbedarf wurden Stabkirchen mit vier oder mehr Masten errichtet. Dass sich nichtchristliche Zauberwesen weiterhin an den Stabkirchen aufhielten, belegt eine Runen-inschrift aus dem 12. Jahrhundert an der Stabkirche von Borgund: »Ich ritt hier vorbei am Sankt-Olavs-Tag, die Nornen taten mir viel Böses, als ich vorbeiritt.« Wegen dieser schlimmen Wesen zählen Abwehrzaubersymbole zu den markantesten Architektur- und Schmuckelementen der Stabkirchen. Das häufigste Symbol ist die Schlange, die vor allem in den Schnitzereien der Nordpforten sowie in Drachenkopfform auf den Giebeln erscheint (Drache = Schlange = orm).

Rätselhafte Prozessionen

Nach der Reformation wurden die meisten Stabkirchen wegen ihres »Aberglaubens« und »Götzenkults« verändert oder zerstört. Gelegentlich hielten sich jedoch auch nach der Reformation jahreszeitliche Rituale aus der Zeit der Vermischung von Heiden- und Christentum, so an der Stabkirche von Røldal. Røldal ist ein nahezu allseits von mehr als 1000 Meter hohen Bergen umgebener Talkessel, in dessen Mitte auf einer Höhe von knapp 400 Metern die Stabkirche neben einem eisenzeitlichen Gräberfeld steht. Einen Ausblick aus diesem Tal gibt es nicht. An der Stabkirche stehend, blickt man die über 600 Meter hohen, schroffen Felswände hinauf, in deren Flanken sich bis in den Hochsommer Schneefelder halten und über deren Felsen Wasserfälle tosen. In dieser gigantischen Naturszenerie erscheinen Stabkirche und Mensch winzig wie ein Punkt.
Errichtet wurde diese Stabkirche um das Jahr 1300. Auch nach der Reformation und den Umbauten des 18./19. Jahrhunderts blieb sie Ziel einer Mittsommerwallfahrt. In der Nacht der Sonnenwende versammelten sich die Gläubigen bei dem als wundertätig geltenden Triumphkreuz (um 1200) und wischten der Christusfigur mit einem ebenfalls als wundertätig geltenden Leintuch den »Schweiß« ab.
Damals gab es noch nicht die Serpentinenstraßen und Tunnelbauten, die heute das

1 *Gemütlich dümpeln die kleinen Fischerboote in einem idyllischen Bootshafen an der Sørlandküste.* – 2 *Die Holzhäuser von »Gamle Lærdalsøyri« in Lærdal am Sognefjord stammen aus dem 18. und 19. Jahrhundert.* – 3 *Die Front des prächtigen Vorratshauses eines reichen Bauerngehöfts ist im typischen Ochsenblutrot gestrichen, das mit den weißen Türen kontrastiert.*

2

3

1

2

Tal leicht zugänglich machen: Durch Schnee und Firn, über Fels und durch Flüsse wallfahrteten die Menschen dem seit Jahrtausenden als heilig angesehenen Ort in der Tiefe des Tals zu. Welch erhabenen Blick sie genossen, wenn sie während ihrer Wallfahrt auf die Berge hoch über dem Tal gelangten und tief unten die Stabkirche erblickten, lässt sich von den Passstraßen Richtung Sauda und Odda aus auch heute immer noch erahnen: Mehr als 500 Höhenmeter über dem Tal »schwebend« ist eine Aussicht zu erleben, die fraglos zu den eindrucksvollsten Norwegens zählt.

Union und Zweisprachigkeit

Mit dem Aussterben der Ynglinge im Jahr 1319 begann eine Epoche des Niedergangs für Norwegen, das zur dänischen Provinz herabsank. Der fürchterlichen Pestepidemie von 1349/50 fiel mehr als die Hälfte der damals circa 400 000 Norweger zum Opfer. Der Schwarze Tod ließ Wirtschaft und Kultur des dünnstbesiedelten nordischen Reiches weitgehend zusammenbrechen. 1397 bestätigte eine Ständeversammlung im schwedischen Kalmar die Union von Dänemark, Schweden und Norwegen. Mit dieser »Kalmarer Union« erreichte Königin Margrethe I. von Dänemark das ehrgeizige Ziel, ein nordisches Großreich unter dänischer Vorherrschaft zu schaffen.
Der norwegische Reichsrat musste in Bergen im Jahr 1450 den dänischen König Christian I. zum König von Norwegen wählen und einem Unionsvertrag zustimmen, der eine »ewige« Union Norwegens mit Dänemark vorsah. Der Unionsvertrag bestimmte die Gleichstellung der beiden Staaten, aber faktisch wurde Norwegen zu einem dänischen Vasallenstaat ohne politische Befugnisse degradiert. Mit der Einführung der Reformation unter König Christian III. verlor Norwegen endgültig seine Selbstständigkeit. Im Jahr 1536 verfügte Christian die Enteignung aller Kirchengüter und errichtete eine der Herrschaft des Königs unterstellte lutherische »Staatskirche«.
Norwegen, das während der dänischen Thronkämpfe auf der Seite der bäuerlich-katholischen Partei gestanden hatte, verlor seinen Status als Königreich und wurde »unter Dänemarks Krone ebenso wie die anderen Länder Jütland, Fünen oder Seeland« gestellt. Dies war das Ende der Doppelmonarchie Dänemark-Norwegen, Norwegen wurde eine dänische Provinz. Mit der Auflösung des norwegischen Reichsrats im Jahr 1537 endete schließlich auch die norwegische Selbstverwaltung. Die Administration ging in dänische Hände über.
Die Dänisierung Norwegens betraf auch die Sprache, da das Land von Dänemark aus verwaltet und reformiert wurde. Mit der dänischen Bibelübersetzung im Jahr 1550 begann die Verdrängung der norwegischen Sprache als Kirchensprache, 1604 wurden auch die norwegischen Gesetze ins Dänische übertragen. Die norwegische Hauptstadt erhielt im Jahr 1624 den dänischen Namen Christiania, 1739 wurde das Dänische in den Schulen als »Muttersprache« eingeführt. So gab es faktisch zwei Sprachen: die Volksdialekte und die offizielle »Reichssprache« (Riksmål). Letztere war die Sprache des Establishments und der Gebildeten.
Im 17. Jahrhundert setzte in Norwegen ein Aufschwung ein, der getragen wurde vom Fischexport, der Holzwirtschaft und vom Bergbau sowie von den Aktivitäten der sich kontinuierlich vergrößernden Handelsflotte. Parallel zum wirtschaftlichen erfolgte der kulturelle Aufbruch. Er wurde allerdings getragen von Norwegern, die in der dänischen »Reichssprache« schrieben, meist in Kopenhagen lebten und als »dänische« Dichter bezeichnet werden. Am berühmtesten war der in Bergen geborene Ludvig Holberg, der die Ideen der Aufklärung propagierte und als erster »dänischer« Dichter Weltruhm errang.
Wesentliche Impulse für die kulturelle Selbstbesinnung Norwegens gingen von der Norwegischen Gesellschaft der Wissenschaften aus, die der Historiker Ger-

1 *An der Küstenstraße Atlantikveien bei Kristiansund kommt man immer wieder an Fischereihäfen vorbei.* – 2 *Seedorsch wird auf den Lofoten zu Stockfisch verarbeitet. Überall auf den Inseln hängen Fische zum Trocknen auf typischen Holzgestellen.* – 3 *Das schöne Schild schmückt den Eingang des Seemannsvereins in Skudeneshavn.*

hard Schoning im Jahr 1760 in Trondheim gründete. Mit dem Geschichtswerk *Norges riges historie* (1771–81, zu deutsch: Geschichte des norwegischen Reiches) lieferte Schoning einen entscheidenden Beitrag zur Förderung des norwegischen Nationalgefühls. Der spätere Bergenser Bischof Johan Nordahl Brun, damals Sekretär der Norwegischen Gesellschaft der Wissenschaften, forderte im Jahr 1771 in Kopenhagen vergeblich von der dänischen Obrigkeit die Errichtung einer norwegischen Universität und verfasste das Gedicht »For Norge«, das zu einer Art Nationalgedicht avancierte. Im Jahr 1772

gründete Johan Herman Wessel in Kopenhagen die Norske Selskab (Norwegische Gesellschaft) als Vereinigung national gesinnter norwegischer Schriftsteller. Im selben Jahr verfasste Brun mit dem Drama »Einer Tambelskiever« das erste Theaterstück, das seinen Stoff einer Saga entlehnt. Durch Reskript des dänischen Königs Frederik VI. wurde schließlich im Jahr 1811 in Christiania die Universität Oslo gegründet.

Die Unabhängigkeit Norwegens von Dänemark führte im Jahr 1814 zur Ausbildung zweier Sprachen, die 1885 offiziell gleich gestellt wurden, sodass Norwegen zweisprachig wurde und bis heute ist: Bokmål (Buchsprache) und Nynorsk (Neunorwegisch). In Reaktion auf die dänische »Reichssprache« wurde das Landsmål (Landessprache, ab 1929 Nynorsk) als sogenannte Volkssprache aus norwegischen und altnordischen Dialekten rekonstruiert. Beide Sprachen wurden nach der gesetzlichen Gleichstellung durch mehrere Rechtschreibreformen noch weiter »norwegisiert« beziehungsweise »renorwegisiert«. Am augenfälligsten ist diese Entwicklung durch die Namenswechsel der Hauptstadt: Im Jahr 1877 wurde der dänische Städtenamen Christiania durch die norwegische Schreibweise Kristiania ersetzt, und seit dem 1. 1. 1925 führt die Hauptstadt wieder den norwegisch-altnordischen Namen Oslo (Asen-Hain).
Die Benutzung der einen oder anderen Sprache wurde eines der brisantesten innenpolitischen Themen nach der Lösung der Union mit Schweden (1905). Sie führte zum Sturz von Regierungen und wird bis heute kontrovers diskutiert, in Kommissionen beraten und auch politisch instrumentalisiert. Die Entwicklung einer gesamtnorwegischen Einheitssprache (Samnorsk) ist bis heute nicht realisiert worden.

Liberal verfasst

Eidsvoll – der Name dieser Stadt zwischen Oslo und dem See Mjøsa symbolisiert die Unabhängigkeit Norwegens als republikanisch strukturierte Demokratie mit monarchischem Staatsoberhaupt. Am 16. Februar 1814 wurde hier die Unabhängigkeit von Dänemark proklamiert, am 17. Mai beschwor eine gewählte Reichsversammlung eine Verfassung auf der Grundlage der Gewaltenteilung.
Das Museum im Eidsvollsbygningen dokumentiert die sich überstürzenden Ereignisse, die Norwegen nach mehr als 400 Jahren die Unabhängigkeit von Dänemark brachten.
Eine zentrale Rolle spielte dabei der schwedische Kronprinz und nachmalige schwedisch-norwegische Unionskönig Carl Johan XIV., nach dem die Prunk- und Paradestraße von Oslo benannt ist.
Es war die Zeit der Befreiungskriege gegen die europäische Supermacht Frankreich. Dänemark und seine Provinz Norwegen standen auf der Seite Napoleons und mussten sich wie die anderen Staaten an der Kontinentalsperre beteiligen. Diese Zwangsbeteiligung an der von Napoleon verhängten Wirtschaftsblockade Großbritanniens war für Norwegens Wirtschaft mit deutlichen Einbußen verbunden. Zu den Architekten der antinapoleonischen Koalition zählte der mit dem französischen Kaiser verschwägerte schwedische Kronprinz Carl Johan, der als Jean-Baptiste Bernadotte einer der erfolgreichsten Heerführer Napoleons gewesen war und in Schweden die Dynastie Bernadotte begründete. Carl Johan leitete einen radikalen Wechsel der schwedischen Außenpolitik ein. Im Jahr 1812 schloss er mit

1 *Am Jostedalsbreen, dem größten Gletscher Festlandeuropas, kommt immer wieder gespenstische Stimmung auf.* – 2 *Der Kjenndalsbreen ist ein Arm des Jostedalsbreen bei Stryn.* – 3 *Im Städtchen Eidsvoll wurde 1814 die erste norwegische Verfassung festgesetzt und angenommen.*

2

3

1

2

Russland den Sankt Petersburger Vertrag, in dem Schweden und das Zarenreich die Entsendung von Truppen nach Deutschland zum Kampf gegen Napoleon vereinbarten und einander ihren Besitzstand garantierten. Carl Johan verzichtete auf Finnland (1809 hatte der Zar Schwedisch-Finnland erobert) und ließ sich freie Hand in Norwegen zusichern. Ziel Carl Johans war die Schaffung eines neuen Reichs Schweden-Norwegen als skandinavische Vormacht, deren Ostgrenze durch den Verzicht auf das schwer zu verteidigende Finnland gesichert sein würde.

Carl Johans nächster Schritt war die Verständigung mit Großbritannien: Der schwedisch-britische Friedensvertrag von Örebro am 12. Juli 1812 und der am 18. Juli ebenfalls in Örebro unterzeichnete russisch-britische Friedensschluss beendeten die napoleonische Kontinentalsperre, Schweden und Russland nahmen ihre Wirtschaftsbeziehungen zu Großbritannien wieder auf und öffneten ihre Häfen den Handelsschiffen aller Nationen.

Während sich die politische Situation immer mehr zuspitzte, landete Carl Johan im Sommer des Jahres 1813 in Deutschland. Auf der Gipfelkonferenz der Alliierten im schlesischen Trachenberg entwarf er am 12. Juli mit dem russischen Zaren Alexander I. und dem preußischen König Friedrich Wilhelm III. den Operationsplan gegen Frankreich. Carl Johan übernahm das Kommando der Nordarmee, der preußische Feldmarschall Blücher führte die Schlesische Armee, der österreichische Feldmarschall Karl Fürst von Schwarzenberg kommandierte die Böhmische Armee. In dieser Konstellation besiegten die Alliierten am 13. Oktober Frankreich in der »Völkerschlacht« bei Leipzig, der bis dahin größten Schlacht der Geschichte. Die napoleonische Herrschaft in Deutschland brach weitgehend zusammen. Danach marschierte Carl Johan zur Ostsee, befreite das von Frankreich besetzte Lübeck und rückte in das zu Dänemark gehörende Holstein ein.

Am 6. Januar 1814 kapitulierte Dänemark, am 14. Januar wurden in Kiel der schwedisch-dänische und der britisch-dänische Friedensvertrag unterzeichnet. Dänemark musste der antinapoleonischen Koalition beitreten und Norwegen an Schweden abtreten; die Insel Helgoland musste Dänemark an Großbritannien abtreten, behielt jedoch die ehemaligen norwegischen Nebenländer Island und Grönland sowie die Färöer Inseln.

Der Frieden von Kiel beendete die 434 Jahre lang währende dänisch-norwegische Union und ließ Norwegen, das seit den Jahren 1536/37 nicht mehr als Königreich, sondern als dänische Provinz behandelt worden war, als unabhängiges Königreich neu erstehen: Am 8. Februar 1814 proklamierte der schwedische König Carl XIII. – der Adoptivvater von Carl Johan – die Union der beiden Königreiche und versicherte den Norwegern, dass sie in der Union ein selbstständiges Königreich mit eigener Volksvertretung, eigener Gesetzgebung und eigenem Steuerwesen sein würden. Nun schlug die Stunde der Norweger. Sie bestritten das Recht Dänemarks, Norwegen ohne Einwilligung seiner Bewohner an Schweden abtreten zu können. Durch den Verzicht des dänischen Königs auf Norwegen sei die Souveränität auf das norwegische Volk übergegangen. Aus taktischen Gründen wurden die norwegischen Unabhängigkeitspläne vom noch in Norwegen weilenden früheren dänischen Statthalter, dem Prinzen Christian Frederik, unterstützt. Christian Frederik startete eine landesweite Kampagne für die norwegische Unabhängigkeit und organisierte innerhalb kürzester Zeit den Widerstand gegen die Union mit Schweden. Militärisch kam der Unabhängigkeitsbewegung

3

zugute, dass sich der Großteil der schwedischen Armee in Kontinentaleuropa befand und unter der Führung Carl Johans gegen Napoleon kämpfte. Am 16. Februar bat Prinz Christian Frederik norwegische Notabeln zum Ting nach Eidsvoll. Die versammelten Bürger proklamierten die Unabhängigkeit Norwegens, lehnten jedoch den Vorschlag des Prinzen ab, ihn aufgrund seiner königlichen Abstammung zum König zu wählen. Stattdessen ver-

1 *Hammerfest gilt als die nördlichste Stadt Europas. Bereits 1890 bekam sie nach einem Brand als erste Stadt Norwegens eine elektrische Straßenbeleuchtung.* – 2 *In einem futuristisch anmutenden Gebäude wird an das Lebenswerk des Dichters und Pfarrers Peter Dass erinnert.* – 3 *Die Musik spielt im hohen Norden immer eine große Rolle. Hier ein paar fröhliche Mitglieder eines Jugendorchesters.*

einbarten sie mit dem Prinzen, der am 25. Februar zum Regenten von Norwegen proklamiert wurde, die Durchführung von Wahlen zu einer verfassunggebenden Reichsversammlung. Diese durch Wahlen als Volksvertretung legitimierte Constituante trat am 10. April in Eidsvoll zusammen: Die 112 gewählten Männer nahmen die Beratungen über die Verfassung des unabhängigen Norwegen auf.
Am 17. Mai 1814 beschwor die Reichsversammlung in Eidsvoll eine Verfassung auf der Grundlage der Gewaltenteilung und wählte Christian Frederik zum Erbkönig von Norwegen – nicht auf Grundlage seiner königlichen Abstammung, sondern auf der Grundlage des in der Eidsvoll-Versammlung repräsentierten Willens des Volkes. So erhielt Norwegen eine der liberalsten Verfassungen Europas. Die demokratische Eidsvoll-Verfassung ist bis heute mit Änderungen in Kraft, der 17. Mai – *søttende mai* – ist bis heute der norwegische Nationalfeiertag.
Unterdessen änderte sich die Lage in Kontinentaleuropa. Die Alliierten eroberten Paris, Napoleon wurde auf die Insel Elba verbannt, die antinapoleonischen Befreiungskriege waren vorerst beendet, Carl Johan konnte sich um das rebellierende Norwegen kümmern. Als diplomatischer Druck nichts half, rückte die vom Kronprinzen geführte schwedische Streitmacht am 26. Juli 1814 in Norwegen ein, ohne auf nennenswerten Widerstand zu treffen. Aufgrund seiner militärischen Überlegenheit hätte Carl Johan Norwegen erobern und die Unabhängigkeit des Landes beenden können, doch als weitsichtiger Stratege zog er die Verständigung mit dem norwegischen Volk vor. Die Friedensinitiative ging nicht vom unterlegenen König Christian Frederik, sondern vom siegreichen Carl Johan aus. Anfang August begannen die Friedensverhandlungen, in der Konvention von Moss verpflichtete sich Carl Johan am 14. August 1814, unter der Bedingung einer schwedisch-norwegischen Union die Eidsvoll-Verfassung des unabhängigen Königreichs Norwegen zu respektieren; König Christian Frederik musste sich verpflichten, das in der Eidsvoll-Verfassung verankerte norwegische Parlament (Storting) einzuberufen und vor dem Storting als der gewählten Volksversammlung Norwegens die Krone niederzulegen. Am 10. Oktober 1814 legte Christian Frederik die norwegische Krone nieder und kehrte nach Dänemark zurück. Nach einer Revision der Eidsvoll-Verfassung – sie wurde in dem Punkt eines gemeinsamen schwedisch-norwegischen Außenministeriums geändert – wählte das Storting dann am 4. November 1814 einstimmig den König Carl XIII. von Schweden zum König von Norwegen. Damit war die schwedisch-norwegische Union perfekt, und diese Union unterschied sich grundlegend von der mit Dänemark. Während Norwegen in dänischer Zeit eine dänisch verwaltete Provinz ohne politische Rechte gewesen war, war es nun ein selbstständiger Staat. Bis zum Jahr 1905 dauerte es, dann löste sich Norwegen auch aus der Union mit Schweden.

1

Königswahl durch das Volk

Als das die Ostflanke von Schweden-Norwegen bedrohende Zarenreich im Jahr 1905 von revolutionären Unruhen erschüttert wurde und im Krieg gegen Japan eine Niederlage nach der anderen hinnehmen musste, nutzten die Norweger die Gunst der Stunde und trieben die seit Jahrzenten andauernden Spannungen in der Union mit Schweden auf die Spitze: Am 7. Juni 1905 erklärte das Storting die Union mit Schweden für aufgelöst und den Unionskönig Oscar II. als König von Norwegen für abgesetzt. Begründet wurde der Schritt damit, dass Oscar II. unfähig sei, eine Regierung für Norwegen zu bilden. Der König protestierte gegen den »ungesetzlichen« Parlamentsbeschluss, und der schwedische Reichstag bestritt dem Storting das Recht, durch »revolutionäres« Handeln den König stürzen zu können. Teile der schwedischen Öffentlichkeit forderten sogar den Einsatz der Armee.

1 *Vorsichtig steuert der Kapitän seine Fähre über den Lysefjord.* – 2 *Fast wie künstlich angelegt wirkt die kleine Insel am Binnensee Aurdalsfjord bei Leira in Valdres.* – 3 *See Myrevatn an der landschaftlich herausragenden Reichsstraße 13 im Vestlandet.*

2

3

Tatsächlich hatte Norwegen kaum Chancen, von den überwiegend monarchisch-obrigkeitsstaatlich regierten Staaten Europas als selbstständig anerkannt zu werden, solange das norwegische Verhalten als »ungesetzlich« und »revolutionär« eingestuft wurde.
Die persönliche Betroffenheit des international hoch geachteten Königs Oscar II. sowie der strategische Aspekt der Schwächung des Zarenreichs waren die Hauptgründe, dass Schweden bald Verhandlungen über die Unionsauflösung zustimmte. Am 27. Juli 1905 billigte der schwedische Reichstag eine Gesetzesvorlage, wonach

Verhandlungen über das Ende der Union aufgenommen werden sollten unter der Voraussetzung, dass ein neu gewähltes – nicht das »revolutionäre« – Storting einen entsprechenden Antrag stellen oder sich die Norweger in einer Volksabstimmung für die Auflösung der Union entscheiden würden. In Volksfeststimmung fand am Wochenende des 12./13. August die Abstimmung statt: 368 208 Norweger, das waren 99,9 Prozent der Stimmberechtigten, votierten für und nur 184 gegen die Unabhängigkeit von Schweden.
Das Storting lud nun den schwedischen König Oscar II. dazu ein, einen König für das unabhängige Norwegen aus der Dynastie Bernadotte zu benennen. Als Oscar beleidigt ablehnte, bot das norwegische Parlament dem populären dänischen Prinzen Carl, einem Sohn des Kronprinzen Frederik (VIII.) aus der Dynastie Glücksburg, die Krone an. Carl machte für die Annahme eine erneute Volksabstimmung zur Voraussetzung: Er wollte sicher sein, dass ihn nicht Parteien, sondern das Volk zum König haben wolle. In der Debatte über die Volksabstimmung blieben die Befürworter der Republik in der Minderheit: Die Eidsvoll-Verfassung aus dem Jahr 1814, so das Hauptargument, sei eine republikanische, vom Volk verabschiedete; aus historischen Gründen müsse jedoch das Königtum bewahrt bleiben.
Am 12./13. November sprachen sich die Norweger mit der überwältigenden Mehrheit von 259 563 zu 62 264 Stimmen für die Wahl des Prinzen Carl von Dänemark zum König des unabhängigen Norwegen aus. Nur 62264 Männer stimmten gegen den Dänenprinzen und gaben damit ihrer Meinung Ausdruck, dass sich als oberster Repräsentant des unabhängigen Norwegen ein gewählter Mann aus dem Volk besser eigne. Am 18. November wählte das Storting Prinz Carl einstimmig zum König von Norwegen und legte fest, dass er den Namen Haakon VII. zu führen habe. Damit erhielt das Land zum ersten Mal seit mehr als 500 Jahren wieder einen eigenen König. Der letzte norwegische König, der Yngling Haakon VI. Magnusson, war im Jahr 1380 gestorben.
Am 27. November legte Haakon vor dem Storting den Eid als König von Norwegen ab, im Nidarosdom zu Trondheim fand dann am 22. Juni 1906 die Krönung statt. Die staatliche Unabhängigkeit erfolgte in einer wirtschaftlichen und sozialen Umbruchphase und wirkte sich insgesamt äußerst positiv aus. Anders als etwa das neoabsolutistisch regierte Schweden war Norwegen ein liberaler Reformstaat. Gerade die Frage demokratischer Reformen hatte seit den 1880er-Jahren den Hauptkonfliktstoff mit dem konservativen Schweden geliefert.
Zum politisch selbstbewussten Auftreten Norwegens trugen die kulturellen und wissenschaftlichen Erfolge bei, die den Namen Norwegen um das Jahr 1900 weltweit bekannt werden ließen: im Theater Henrik Ibsen, in der Musik Edvard Grieg, in der Malerei Edvard Munch, in der Literatur Knut Hamsun sowie der erste skandinavische Literaturnobelpreisträger (1903) Bjørnstjerne Bjørnson, in der Forschung Fridtjof Nansen und Roald Amundsen. Norwegen besaß nach Großbritannien und den USA die drittgrößte Handelsflotte der Erde und war einer der bedeutendsten Standorte der Fisch- und Papierindustrie. 1903 begannen die Erzverschiffungen in Narvik. Auch der Tourismus entwickelte sich zunehmend zum Wirtschaftsfaktor. Zugleich führten Bevölkerungszunahme und Mangel an Ackerland sowie die geringe Industrialisierung zu einer

1 *Die achtkantige Kirche in Flekkefjord wurde 1833 eingeweiht. Das Interieur mit Wänden und Emporen aus Holz wirkt heimelig. Daher wird diese Kirche auch gern für Hochzeiten genutzt.* – 2 *Der Aurlandsfjord ist ein Seitenarm des Sognefjords.* – 3 *Die Holzhäuschen in Flekkefjord sind auch an einem regnerischen Tag hübsch und wirken einladend.*

2

3

1

Auswanderungswelle, die 1903 mit 26 784 Migranten ihren Höchststand erreichte. Nach der Unabhängigkeit ging sie kontinuierlich zurück.
Unmittelbar nach der Unabhängigkeit begann der Aufbau einer modernen Industrie. Grundlagen waren hohe Kapitalzuflüsse vor allem schwedischer und britischer Investoren sowie das reiche hydroenergetische Potenzial (Wasserfälle, Gletscher) zur Energiegewinnung und der Holzreichtum als natürliche Ressourcen. 1905 gründete Sam Eyde in Notodden die Norsk Hydro AS, den heute größten norwegischen Konzern. Im Jahr 1906 wurde auch die A/S Sydvaranger zum Abbau der Eisenerzvorkommen bei Kirkenes gegründet, und Kirkenes wurde neben Narvik der zweite norwegische Erzverschiffungshafen. Die Industrialisierung wurde begleitet vom zügigen Ausbau der Verkehrswege, der nationalen und transatlantischen Telekommunikationsnetze und des Bildungswesens; im Jahr 1910 wurde die TH Trondheim eröffnet.

Walfang: Pro und Kontra

Zu den Brennpunkten der Artenschutzkonferenz von Nairobi im April des Jahres 2000 zählte der letztendlich abgelehnte Antrag Norwegens und Japans, Zwerg- und Grauwale zum Abschuss freizugeben und den Handel mit Walprodukten zuzulassen. Neben Japan war Norwegen zu Beginn des dritten Jahrtausends der einzige Staat, der noch Jagd auf diese Meeressäuger machte. Die Hauptmotivation für den norwegischen Walfang ist der Export des als Delikatesse geltenden Fleisches nach Japan.

Auf vielen Gebieten wurde Norwegen im 20. Jahrhundert ein Vorreiter bei der Umsetzung globaler Umweltschutzbestimmungen, die norwegische Walfangindustrie hingegen brach mit Unterstützung der Regierung internationale Vereinbarungen. Seit dem Inkrafttreten des Walfangmoratoriums der Internationalen Walfang-Kommission (IWC) im Jahr 1986 schossen norwegische Walfänger rund 4000 dieser geschützten Meeressäuger ab. Im Jahr 1999 waren es während der jeweils bis Ende Juli dauernden Walfangsaison »nur« 589 Minkwale, obwohl die Regierung die Fangquote für diese kleinsten Meeresgroßsäuger von 671 auf 753 erhöht hatte. Am 2. Mai 2000 wurde erneut die Jagdsaison eröffnet – wiederum begleitet von internationalen Protesten.
Die etwa 50 norwegischen Walfänger – mehr sind es nicht unter den laut Statistik 18 000 Berufsfischern – verweisen darauf, dass der Abschuss der von der Regierung vorgegebenen Stückzahl den Bestand der Minkwale nicht gefährde, sondern die »natürlich nachwachsende Fleischressource« sichere und als artgerechtes Jagdmanagement anzusehen sei. Tatsächlich gefährdet die lizenzierte Stückzahljagd den Bestand nicht. Befürchtet wird jedoch bei einer Freigabe des Abschusses und des Handels mit Walprodukten, dass neben Norwegen und Japan auch Island und Russland sowie mehr als zwei Dutzend weiterer Länder Jagd auf Wale machen und diese Meeressäuger am Ende ausrotten würden.
Was den Vorwurf der Tierquälerei betrifft, verweisen Walfänger auf verbesserte Tötungmethoden und eine verkürzte Leidensszeit; Walfanggegner wiederum können dokumentieren, dass mehr als die Hälfte aller harpunierten Tiere – ebenfalls mehr als die Hälfte davon sind trächtige Weibchen, da diese das Fangergebnis verbessern – eines langsamen, qualvollen Todes sterben. Den Vorwurf der Tierquälerei geben die Walfänger zurück: Die Walfanggegner selbst seien Tierquäler, da sie sich von Hühnern und Schweinen aus Massentierhaltung ernähren würden oder Schweinshaxen sowie Kutteln, Gänsestopfleber verzehrten. Jeder Zuchtbulle, meinen sie, würde einen Wal um dessen Leben in Freiheit beneiden, auch wenn beide zuletzt in Steakform auf gedeckten Tischen landen.
Was die rechtliche Situation anbelangt, verweist Norwegen darauf, dass das Internationale Walfangabkommen jedem Mit-

1 *Harpunen wie diese wurden eingesetzt, als man in Norwegen noch in großem Stil Wale jagte.* – 2 *Auf der Hardangervidda wird in dem Gletschermuseum die erdgeschichtliche Entwicklung des Hardangerjøkulen dokumentiert. Lebensechte Figuren zeigen, wie die Menschen früher lebten und arbeiteten.*

gliedsstaat erlaubt, gegen einen unliebsamen Beschluss innerhalb angemessener Frist Widerspruch einzulegen. Damit sei der angefochtene Beschluss für das widersprechende Land unwirksam.
Verglichen mit dem Beitrag zum Bruttosozialprodukt handelt es sich beim Walfang um eine winzige Industrie, die mit dem Abschlachten geschützter Tiere und dem Walfleischschmuggel das internationale Ansehen Norwegens beschädigt. Das einzige nachvollziehbare Argument für den kommerziellen Walfang ist neben dem Erhalt relativ weniger Arbeitsplätze die »Tradition«.Die Hochkonjunktur des arktischen Walfangs begann Ende des 17. Jahrhunderts mit den Grönlandfahrten. Walfänger aus Norwegen, Deutschland, England, Holland, dem Baskenland und aus anderen Ländern jagten in den Gewässern rund um Spitzbergen. Der Fang wurde an Land verarbeitet, jede Walfanggruppe besaß eine eigene Verarbeitungsstation. Dadurch erklären sich Namen wie »Hamburger Bucht« auf den Karten Spitzbergens. Der aus dem Speck geschmolzene Tran diente als Brennstoff für Öllampen, fand aber auch als Schmierstoff und später bei der Fabrikation von Seife und Farben Verwendung. Tran und die »Fischbein« genannten Walbarten wurden in Fässern in die Heimatländer transportiert.
Die Nachfrage war derart groß, dass es um das Jahr 1820 bei Spitzbergen keine Wale mehr gab. Also verlegten die Walfänger ihre Aktivitäten an die Eiskante im Osten Grönlands sowie in die Baffin Bay und die Davis-Straße. Zur gleichen Zeit begannen Siedler an der Ostküste Nordamerikas mit dem Walfang entlang ihrer Küsten. Der amerikanische Walfang von Neuengland aus erreichte seinen Höhepunkt im Jahr 1846, dann waren auch diese Gewässer überfischt. Die radikale Dezimierung der Walbestände führte ab dem Jahr 1850 zu einer Krise. Immer mehr Schiffe kamen in den 1850er- bis 1870er-Jahren ohne Fang nach Hause, da es keine Wale mehr gab. Erst als die industrielle Revolution auch die Fischerei erfasste, erschloss die Kriegswaffen- und Schifffahrtstechnik dem Walfang neue Bereiche und legte die Basis für ein scheinbar ungebremstes Wachstum. Ungefähr ab dem Jahr 1870 lösten Walfangdampfer die Segelschiffe ab. Die größere Geschwindigkeit der dampfgetriebenen Trawler erlaubte den Fang bis dahin unerreichbarer Walarten, so der riesigen, schnell schwimmenden Furchenwale. Erlegt wurden sie mit von Kanonen abgefeuerten Harpunengranaten auf große Entfernung.
Die enorme Produktionssteigerung führte zu Beginn des 20. Jahrhunderts zu einer neuen Krise. Im Jahr 1903 kam es zu einem weltweiten Verfall der Tranpreise, und im Juni desselben Jahres wurde die Finnmark von gewaltsamen Protestaktionen »traditioneller« Walfänger gegen die »technische« Walfangindustrie erschüttert. Im Zuge dieser Ausschreitungen wurde die Verarbeitungsfabrik in Mehamn dem Erdboden gleich gemacht. Am 3. Dezember 1903 verabschiedete das norwegische Parlament mit 52 zu 36 Stimmen ein auf zehn Jahre befristetes Walfangverbot für die norwegische Küste.
Als Reaktion auf die gesunkenen Tranpreise und das Walfangverbot gründete der Norweger Carl Anton Larsen 1904 auf der Südatlantikinsel South Georgia (Falkland Islands) Grytviken, die erste Walfangstation für den Fang mit Mutterschiffen. Diese schwimmenden Fabriken waren unter anderem mit Trankochereien ausgerüstet, damit der Fang vor Ort verarbeitet werden konnte.
Der Walfang mit Mutterschiffen, die lange auf See bleiben konnten, ermöglichte in den Zwanzigerjahren einen explosionsartigen Anstieg der Produktion: In der Saison 1925/1926 wurden circa 9600 Tonnen Walöl produziert, fünf Jahre später waren es bereits 579 000 Tonnen oder 60-mal mehr.
Die unterschiedlichen Interessen der Walfänger führten schließlich zum Grönlandkonflikt zwischen Norwegen und Dänemark, der allerdings unblutig ausgetragen wurde. Im Jahr 1921 erklärte Dänemark seine Souveränität über das ehemalige

1 *Der Stockfisch trocknet in der Salzluft, dadurch wird er nicht nur haltbar, sondern auch besonders schmackhaft. Hier wird an einem typischen Holzgestell gearbeitet.* – 2 *Der Ort Talvik am klimatisch begünstigten Altafjord, in den der Lachsfluss Altaelva mündet.* – 3 *In rauen Mengen wird der Stockfisch auf den Lofoten getrocknet.*

2

3

1

2

norwegische Nebenland. Norwegen, das die Walfanggründe vor der Ostküste Grönlands zu verlieren fürchtete, erkannte damals als einziger Staat die dänische Souveränität nicht an, ein dänisch-norwegischer Vertrag sicherte im Jahr 1924 die norwegischen Walfangrechte, doch damit war der Konflikt nicht lange beendet. Um der Walfangindustrie Stützpunkte zu sichern, annektierte Norwegen im Jahr 1928 die Bouvet-Insel im Südatlantik und gliederte im darauffolgenden Jahr die Insel Jan Mayen östlich von Grönland seinem Staatsgebiet an. Im Jahr 1931 hissten schließlich norwegische Fischer und Pelztierjäger die norwegische Flagge in Ostgrönland und erklärten das Gebiet zwischen Carlsberg- und Besselfjord unter dem Namen »Eirik Raudes Land« zu norwegischem Staatsgebiet.
Als die norwegische Regierung die Okkupation bestätigte, übergab Dänemark die Angelegenheit dem Internationalen Gerichtshof in Den Haag. Im Jahr 1932 besetzte Norwegen zusätzlich Südost-Grönland, doch ein Jahr später erklärte der Internationale Gerichtshof diese Annexion von Teilen Grönlands für rechtswidrig und sprach die Insel insgesamt Dänemark zu. Die norwegischen Gebietserweiterungen zugunsten der Fischindustrie fanden dann ihren vorläufigen Abschluss am 15. Januar 1939 mit der Annexion von Küstengebieten der Antarktis.

Verbrannte Erde im Zweiten Weltkrieg

Die Besetzung Norwegens durch Hitler-Deutschland in den Jahren 1940 bis 1945 war eines der einschneidendsten Ereignisse in der Geschichte Norwegens. Niemals zuvor war eine ausländische Macht derart brutal gegen Norwegen vorgegangen wie die deutschen Besatzungstruppen während der Okkupation, niemals zuvor hatte eine aus- oder inländische Macht versucht, in Norwegen durch Massenerschießungen, Konzentrationslager und systematische Zerstörung ganzer Landstriche einen totalitären Staat zu errichten und jedwede Freiheit im Keim zu ersticken.
Um einer Besetzung Skandinaviens durch britische Truppen zuvorzukommen, griffen starke Kräfte der Deutschen Wehrmacht und Kriegsmarine in den frühen Morgenstunden des 9. April 1940 die neutralen Staaten Dänemark und Norwegen an. Während Dänemark nach kurzem und eher symbolischem Widerstand das vorangegangene deutsche Ultimatum akzeptierte, war Norwegen keinesfalls zur Kapitulation bereit. So scheiterte die geplante »friedliche Besetzung« am erbitterten Widerstand der norwegischen Streitkräfte. Vor allem die deutsche Kriegsmarine erlitt in mehreren Gefechten mit norwegischen Küstenbatterien und britischen Marineeinheiten schwere Verluste. Der spektakulärste Erfolg gelang den norwegischen Kräften mit der Versenkung des deutschen Schweren Kreuzers »Blücher« vor Oscarsborg im Oslofjord. Trotz der Fehlschläge zur See erreichten die deutschen Truppen an den meisten Landungspunkten ihre operativen Ziele in kurzer Zeit. Lediglich in Narvik brachten umgehend angelandete alliierte Truppen das deutsch Kontingent an den Rand einer Niederlage, ehe sie wegen der Kriegsereignisse in Mitteleuropa überstürzt wieder abgezogen wurden.
In Oslo verhinderten nicht nur das Debakel der Kriegsschiffgruppe, sondern auch Probleme bei den gleichzeitig angreifenden Luftlandetruppen eine rasche Eroberung. So konnten sich König Haakon VII. und die Regierung Nygaardsvold der geplanten Festnahme entziehen. Haakon und Kronprinz Olav wurden in der Folge zu Personifikationen des Widerstands.

Bis Ende April besetzte die Wehrmacht Südnorwegen. Als die Lage auch in Mittel- und Nordnorwegen aussichtslos wurde, begaben sich die Königsfamilie und die Regierung am 7. Juni 1940 ins Exil nach London. Drei Tage später kapitulierten die norwegischen Truppen in Nordnorwegen.
Während der Kämpfe um Norwegen starben 3700 deutsche, über 3000 britische und 850 norwegische Soldaten. In einer BBC-Ansprache im Exil in London lehnte

1 und 2 *Die Mitternachtssonne taucht die Landschaft am Glomfjord in fantastische Farben. Obwohl man hier 45 Kilometer nördlich des Polarkreises ist, ist das Klima durch den Golfstrom gemäßigt.* – 3 *Im Flugzeugmuseum von Bodø kann man unter anderem das legendäre deutsche Flugzeug »Ju 52« bewundern.*

Haakon am 8. Juli die von den Deutschen geforderte Abdankung ab; als von einem freien Volk gewählter König seien die Freiheit und Selbstständigkeit dieses Volkes sein oberstes Grundgesetz.
Unterdessen hatte die Besatzungsmacht den NSDAP-Gauleiter Josef Terboven zum Reichskommissar für die besetzten norwegischen Gebiete ernannt; als Inhaber der obersten Regierungsgewalt im Zivilbereich war er bis 1945 verantwortlich für die Gräueltaten der Besatzungszeit. Am 25. September löste er mit Ausnahme des von Vidkun Quisling geführten rechtsextremen Nasjonal Samling (NS) die politischen Parteien auf, erklärte das Königshaus für abgesetzt und ernannte eine kommissarische Regierung, von deren 13 Mitgliedern neun dem Nasjonal Samling angehörten.
Als die Exilregierung einen Tag später über Rundfunk zum Widerstand aufrief, begann eine Zeit des zunächst überwiegend passiven Widerstands. Bis Anfang des Jahres 1941 hatte das NS-Regime alle verfassungsmäßigen Organe außer Kraft gesetzt beziehungsweise gleichgeschaltet und kontrollierte vollständig das öffentliche Leben.
Mit der Errichtung des Konzentrationslagers Grini in Bærum bei Oslo reagierte das NS-Regime am 14. Juni 1941 auf das Anwachsen der Widerstandsbewegung; das Gefängnis in der Møllergate in Oslo war für die Masse der Verhafteten zu klein geworden. In der Folgezeit wurden elf weitere Lager für insgesamt 35 000 Norweger eingerichtet, 366 Widerstandskämpfer wurden exekutiert.
Ab Mitte des Jahres 1941 kam es in mehreren Betrieben zu Streiks, die das wirtschaftliche und öffentliche Leben in manchen Regionen nahezu lahmlegten.

1

Widerstandsgruppen verübten Sabotageaktionen gegen Eisenbahnlinien, Wehrmachtseinrichtungen und Industrieanlagen. Die Besatzungsbehörden verhängten am 1. August 1941 den zivilen Ausnahmezustand über das Land. Am 1. Februar 1942 bildete Quisling eine Regierung, der er als Ministerpräsident vorstand. Seine Ernennung sollte signalisieren, dass Deutschland Norwegen Selbstverwaltung gewähren wolle; faktisch lag die Regierungsgewalt weiter beim Reichskommissar Terboven. Am 26. November 1942 wurden 532 Juden per Schiff aus Norwegen nach Deutschland deportiert. Insgesamt wurden während der deutschen Besetzung mehr als 700 Juden verschleppt.
Einer der international meistbeachteten Sabotageakte des norwegischen Widerstands war die Sprengung der Schwerwasseranlage bei Rjukan am 27. Februar 1943: Die Zerstörung dieser Anlage sollte das deutsche Atombombenprojekt behindern. Nach dem Wiederaufbau der Anlage – schweres Wasser (Deuteriumoxid) ist ein Moderator für Kernreaktoren – bombardierten US-amerikanische und britische Flugzeuge am 16. November 1943 die Anlage und ihr Elektrizitätswerk. Daraufhin begann die Besatzungsmacht mit der Demontage und Überführung der Anlage nach Deutschland. Die Versenkung der mit 100 000 Liter schwerem Wasser beladenen Fähre »Hydro« auf dem See Tinnsjø am 19. Februar 1944 durch drei norwegische Widerstandskämpfer brachte das ohnehin nur halbherzig vorangetriebene deutsche Atombombenprogramm vollends zum Erliegen.
Die norwegische Widerstandsbewegung nahm erst 1943 Struktur an. Die größte Organisation war »Hjemmefronten« (Heimatfront), deren militärischer Teil auch Milorg genannt wurde.Am 30. November 1943 umstellten Gestapo, Militär und Staatspolizei die Universität Oslo, 1200 Studenten und 30 Dozenten wurden verhaftet, die Universität wurde geschlossen. Von den Verhafteten wurden mehr als 700 wegen passiver oder aktiver Teilnahme an Sabotageaktionen in die Konzentrationslager Buchenwald und Natzweiler-Struthof (Elsass) deportiert.
Gewaltsame Unterdrückungsmaßnahmen wie die Verhaftung und Deportation der studierenden Jugend hatten aber nur zur Folge, dass die Anzahl der Norweger, die mit Hitler-Deutschland und seinem Marionettenregime sympathisierten, drastisch

1 *Der Nidarosdom ist auch vom Hafen von Trondheim aus gut zu erkennen.* – 2 *Im Sommer erwartet den Besucher in Sør- und Vestlandet eine üppig blühende Vegetation.* – 3 *Sankthans ist das norwegische Mittsommerfest, in Westnorwegen wird es »Jonsok« genannt: Johannis-Nachtwache.*

2

3

zurückging. Gleichwohl gab es deren garnicht so wenige, unter ihnen als prominentester Vertreter der der greise Literaturnobelpreisträger Knut Hamsun.
Unterdessen wirkten König und Exilregierung von London aus für die Befreiung. Am 16. Mai 1944 unterzeichnete die Exilregierung in London ein »Befreiungsabkommen« mit Großbritannien, den USA und der UdSSR. Am 30. Juni ernannte die Exilregierung Kronprinz Olav zum Verteidigungsminister und Oberkommandierenden der norwegischen Streitkräfte. Vor allem die im Exil wiederaufgebaute norwegische Marine stand bei den Alliierten in hohem Ansehen. Auch die Handelsmarine leistete einen bedeutenden Beitrag zum alliierten Sieg.
Der Rückzug der deutschen Truppen aus Finnland löste ab 9. September 1944 katastrophale Verhältnisse im nordnorwegischen Finnmark aus: Die Provinz musste innerhalb kürzester Zeit mehr als 100 000 deutsche Soldaten mehr aufnehmen. Am 18. Oktober überschritten Einheiten der Roten Armee von Finnland aus die Grenze zu Norwegen und eroberten am 20. Oktober die Hafenstadt Kirkenes. Auf ihrem Rückzug wandte die Wehrmacht auf Befehl Hitlers vom 28. Oktober 1944, die Taktik der verbrannten Erde an. Die nordnorwegischen Fylker (Provinzen) Finnmark und Troms wurden evakuiert und dem Erdboden gleichgemacht. Die Wehrmacht zerstörte systematisch eine Landschaft von der zweieinhalbfachen Größe Dänemarks. Von dem finnisch-norwegischen Grenzfluss Tana aus wurde die Bevölkerung nach Westen getrieben, alle Siedlungen wurden niedergebrannt, Straßen, Brücken und Hafenanlagen gesprengt. Die Hafenstadt Kirkenes wurde völlig zerstört, das gleiche Schicksal erfuhr Hammerfest, Bodø wurde zerbombt, nahezu alle Städte ausradiert. Circa 45 000 Norweger wurden zuerst nach Tromsø und dann weiter nach Süden vertrieben. Nach der deutschen Kapitulation am 8. Mai 1945 übernahmen durch eine Vollmacht der Exilregierung die Widerstandsorganisation Hjemmefronten und ihr militärischer Arm Milorg provisorisch die Ordnungsfunktion in Norwegen. Am selben Tag beging Reichskommissar Terboven Selbstmord, am 9. Mai stellte sich Ministerpräsident Quisling den Behörden. Sein Name wurde zum Symbol für Landesverräter. Norwegen war befreit, die Abrechnung mit Kollaborateuren begann.

Ein besonders unrühmliches Kapitel war dabei die Behandlung der rund 10 000 »Tyskerbarna« genannten deutsch-norwegischen Kinder, die in Heime gesteckt, diskriminiert, und teilweise schwer misshandelt wurden. Viele dieser Kinder entstammten der von der SS getragenen »Lebensborn«-Bewegung, die, befangen im nationalsozialistischen Rassenwahn, Norwegerinnen zur »Aufnordung« der deutschen Rasse missbrauchte .
Die sozialdemokratische Arbeiterpartei DnA, die nach den Stortingswahlen am 5.11.1945 unter Einar Gerhardsen mit absoluter Mehrheit die Regierung bildete, setzte den gesetzlichen Rahmen für den Wiederaufbau Norwegens, der überraschend schnell vor sich ging. Die Priorität lag beim zügigen Aufbau der Industrie. Bereits 1946 lagen Industrieproduktion und Bruttosozialprodukt höher als 1938, die folgenden Jahre waren geprägt von stetig wachsendem Wohlstand und dem Ausbau des Sozialstaats.

Nein zur EU – Ja zur Demokratie

Ein Jahrhundert nach der Unabhängigkeit zählt Norwegen zu den reichsten und politisch stabilsten Staaten der Erde mit einer fest verankerten Demokratie, ein Erfolg, auf den die Norweger stolz sind und der die Mehrheit der Norweger veranlasst hat, bei der Volksabstimmung im Jahr 1994 den Beitritt zur EU abzulehnen. Das Hauptargument der parteiübergreifenden Volksbewegung »Nein zur EU« basierten auf einem unbedingten Ja zur Demokratie: Norwegen dürfe keine Hoheitsrechte an Politiker in Brüssel abgeben, die nicht durch Wahlen demokratisch legitimiert

1 *Im Plenarsaal des Rathauses Oslos, der wie ein klassisches Amphitheater geformt ist und Motive aus Stabkirchen und Wikingerschiffen enthält, dominieren die Farben Rot und Gelb.* – 2 *Geschäftige Einkaufstraße in Tromsø bei Nacht.* – 3 *Das Samenparlament in Karasjok, in dem die Rechte der Samen behandelt werden. Es gibt 39 Abgeordnete, die viermal im Jahr zusammentreten.*

2

3

1

seien; die erfolgreiche norwegische Geldpolitik dürfe nicht von einer EU-Zentralbank abhängig werden, die keiner demokratischen Kontrolle unterworfen sei. Norwegen dürfe auch nicht die doppelt so hohe Arbeitslosigkeit in der EU mitfinanzieren; die Übernahme der dürftigen EU-Umweltschutzgesetze könne zur Zerstörung der heimischen Natur führen.
Bislang hatte das »Nein« zur EU keine negativen Auswirkungen. Laut Umfragen steigt in der Bevölkerung sogar der Anteil derer, die die EU ablehnen, weiter an. 2001 wurde das Schengener Abkommen für die nordischen Staaten in Kraft gesetzt. Seither können Bürger der Schengen-Staaten ohne Grenzkontrollen von Palermo bis Hammerfest reisen.

Vom Zauber unberührter Natur

Auch aus Ländern, die mit den höchsten Gipfeln Europas und mit einigen der malerischsten Landschaften der Erde gesegnet sind, fahren immer mehr Wanderer und Alpinisten nach Norwegen, um auf maximal 2469 Metern Höhe etwas zu erleben, das in Deutschland, Österreich, Frankreich oder der Schweiz unmöglich ist – aber niemanden mehr loslässt, der es einmal versucht hat: Friluftsliv – »Freiluftleben« in unberührter Natur.
Friluftsliv umfasst alle naturnahen Aktivitäten, also je nach dem Gelände Bergsteigen, Wandern oder Klettern, Skilaufen, Schwimmen, Gipfel erklimmen. Friluftsliv bedeutet sein Zelt zu tragen und sich abzumühen, Moore zu durchqueren und Flüsse zu durchwaten, zu angeln und mit eisklammen Fingern ein Feuer zu bauen. Dazu gehören ein blauer Himmel, Regenbogen, Nebel und Sturm, Einschlafen im Mondlicht, erwachen und die Sonne aufgehen sehen. Friluftsliv meint das Draußensein und das Erleben einer grandiosen Urlandschaft ebenso wie das Zurückfinden zu sich selbst im Einklang mit Himmel und Erde.
Anders als in Deutschland wird in Norwegen kein Unterschied zwischen Bergwandern, Bergsteigen und Trekking gemacht. Die gemeinsame Bezeichnung lautet Fjelltur – Bergfahrt. Die Grenzen zwischen Wandern, Bergsteigen und Trekking sind fließend. Leichte Klettereien und Passagen, die Trittsicherheit und Schwindelfreiheit erfordern, würzen die Zustiege zu Zweitausendern und sind auch beim Gang auf »kleine« Gipfel keine Seltenheit. Auch die wandertouristische Infrastruktur entspricht weitgehend dem Friluftsliv-Gedanken. Anders als in den Alpen oder den deutschen Mittelgebirgen werden keine autofähigen Wirtschaftswege angelegt, auf denen Wandergruppen bequem einherschreiten können; die fußbreiten Pfade und Steige durchqueren das Land, ohne dass die Natur zivilisatorischen Komfort- und Sicherheitsbedürfnissen angepasst wird. Und wo sich doch Steig- oder Gehhilfen finden, sind sie meist naturnah wie vor Tausenden von Jahren. Im Moor liegt ein Knüppeldamm, Baumstämme fungieren als Bachbrücke, schwankende Hängebrücken machen Schluchten überschreitbar. Es gibt keine Gipfelrestaurants, die Brotzeit muss im Rucksack getragen, muss gepflückt und geangelt werden.
Friluftsliv fordert Körper, Sinne und Geist, verlangt Kraft und Energien und lässt Fähigkeiten lebendig werden, die im zivilisierten Leben meist verschüttet bleiben: sich in Freiheit bewegen, schwindelfrei auf Graten und Zinnen stehen, Grenzen überschreiten oder sich behutsam zurückziehen, nicht die Natur beherrschen und vernichten, sondern aktiv Teil sein des Ganzen wie der Berg, die Wolke, das Wasser, wie der Sturm, die Kiefer, das

2

Wollgras – Natur sein, zu Hause sein. Dieses Draußenleben hat etwas Archaisches an sich, weil es frei ist von Zivilisationszwängen und gesellschaftlich definierter Moral, es ist Leben mit allen Sinnen und Auskommen mit ganz wenig. Bergsteigerische »Arbeit« bis zur Erschöpfung, zu essen und zu trinken haben, von Schönheit umgeben sein, seinen Platz ausloten und begreifen in einem gewaltigen Ganzen.

1 *Berge an Holz zeugen davon, dass dieser Rohstoff wichtiger Exportartikel für Norwegen ist.* – 2 *Doch Holz ist auch wesentliches Baumaterial der meisten norwegischen Häuser, wie man hier in einem Museum sehen kann.*

Begründet wurde die Friluftsliv-Tradition im 19. Jahrhundert von naturforschenden »Touristen«, die durch die Berge und durch abgelegene Täler wanderten und zu Hause von ihren Entdeckungen und Fahrten berichteten. Es waren Träumer und glasklare Denker zugleich, die ungewöhnliche Pläne mit unfassbarer Energie verwirklichten, von Trollen und anderen Wesen des Volksglaubens bewohnte Gipfel und Grate als Erste erkundeten und selbst für Trolle gehalten werden konnten, wenn sie auf ihren Brettern vom Berg auf einen abgelegenen Hof zusausten. Es waren Wanderer, die noch nie gegangene

Touren gingen, noch nie gesehene Schönheit schauten und in kargen Worten beschrieben. Einer der Ersten hieß Christen Smith: Der nachmalige Professor erstieg im Jahr 1807 als 22-Jähriger die Snøhetta, den damals als höchster norwegischer Berg geltenden Gipfel im Dovrefjell. Als naturforschender Wanderer, Bergsteiger, Kletterer, Schriftsteller, Gletscherforscher, Botaniker und Biologe unternahm er im Jahr 1813 von Drammen am Oslofjord aus eine 1500 Kilometer lange »Trekkingtour«, die ihn in vier Monaten über das Fillefjell in das Jotunheimen-Gebirge und durch das Romsdalen an die Westküste, über das Dovrefjell in die Femundsmarka und über das Rondane-Gebirge zurück an den Oslofjord führte.

Smith und andere wurden Vorbilder des Friluftsliv im Einklang mit der Natur. Es ging ihnen nicht darum, möglichst viele Gipfel zu bezwingen, die ausgesetztesten Grate zu begehen, die weiteste Aussicht zu genießen und andere Dinge zu erleben, die als Superlativ gelten oder »hipp« und »Fun« sind, sondern es ging darum, draußen in und mit der Natur zu sein, im Einklang mit ihrer Schönheit und ihren unerbittlichen Gesetzen.

Der bedeutendste Vertreter dieser Bewegung war der spätere Friedensnobelpreisträger Fridtjof Nansen. Durch einen aufsehenerregenden 500-Kilometer-Skimarathon erwarb er sich im Jahr 1884 den Ruf, ein »urgermanischer Recke« zu sein wie Beowulf, der der Sage nach in Eis und Schnee von Schweden nach Finnland geschwommen war, nur »um das Leben zu wagen«. Am 27. Januar 1884 ließ er sich als Konservator an der Zoologischen Abteilung des Museums zu Bergen beurlauben, um am folgenden Mittag in Voss mit seinem Hund Flink zu einer 250 Kilometer langen Skitour über mehrere Gebirge nach Kristiania (Oslo) aufzubrechen. In Kristiania nahm er am 4. Februar am Skispringen auf dem Husebybakken (Holmenkollen) teil, wurde Neunter und startete zum Rückmarsch nach Bergen, wo er dann am 12. Februar eintraf. Diese 500-Kilometer-Skitour war unter anderem ein Test für Nansens Plan, Grönland auf Skiern zu durchqueren.

Am 28. April 1888 promovierte Fridtjof Nansen zum Dr. phil., vier Tage später verließ er Kristiania, um das von der Öffentlichkeit als aussichtslos, wahnwitzig und unverantwortlich eingestufte Unternehmen einer Grönlanddurchquerung durchzuführen. Der Seehundjäger »Jason« setzte Nansen und seine fünf Begleiter am 17. Juli in der Mündung des Sermilikfjords vor der grönländischen Ostküste ab, auf Eisschollen arbeiteten sich die Männer zur Küste durch. Nansen hatte die unwirtliche, gebirgige Ostküste als Startpunkt festgelegt, um eine Umkehr auszuschließen – und es gelang.

Am 3. Oktober trafen die Männer in Godthaab an der Westküste ein: Erstmals war Grönland durchquert worden, die Berichte, dass die Insel im Inneren grasbewachsen und bewaldet (»grün«) sei, waren widerlegt, stattdessen hatte sich herausgestellt, dass sie von einem bis zu 3000 Meter hohen Eispanzer bedeckt war. An diese Durchquerung schloss sich eine Überwinterung in Godthaab und das Studium des Eskimolebens an. Als Fridtjof Nansen dann am 30. Mai 1889 in Kristiania eintraf, wurde ihm ein triumphaler Empfang bereitet. Im darauffolgenden Jahr veröffentlichte er den Bestseller »Paa ski over Grønland«, der in alle Verkehrssprachen der Erde übersetzt wurde. Die deutsche Übersetzung erschien 1891 unter dem Titel »Auf Schneeschuhen durch Grönland«.

1 *Traditionell wird bei den Samen auf offenem Feuer gekocht.* – 2 *Der Laksfossen im Nordland bei Mosjøen. Wenn man Glück hat, kann man springende Lachse sehen, die den Wasserfall überwinden.* – 3 *Reine auf der Insel Moskenesøya hat viele Maler inspiriert und viele Bersteiger herausgefordert.*

2

3

Oslo und Østlandet

Der ostnorwegische Landesteil Østlandet erstreckt sich von der Hauptstadt Oslo am Oslofjord bis zu den höchsten Gipfeln Nordeuropas im Nationalpark Jotunheimen, von Telemark, dem Ursprungsland des Skifahrens, bis zur Femundsmarka und anderen seenreichen Waldregionen an der Grenze zu Schweden. Eine zentrale Verkehrsleitlinie ist das Gudbrandsdalen, das seit Urzeiten die Hauptverbindung zwischen Ost- und Mittelnorwegen vermittelt und als Norwegens »Tal der Täler« gilt. Zwischen dem Gudbrandsdalen und der Mjøsa, Norwegens größtem See, liegt Norwegens »Wintersporthauptstadt« Lillehammer, Austragungsort der Olympischen Winterspiele 1994. Dank der Ausweisung mehrere Nationalparks zählen die Hochgebirgs- Wald-, Moor- und Seengebiete des Østlandet zu den bedeutendsten Wander-, Trekking- und Kanurevieren des Nordens.
Einige Berggebiete liegen auf der Wasserscheide zum atlantischen Westnorwegen, so das Jotunheimen-Gebirge und die Hardangervidda, das größte Hochplateau Europas mit seinen Wildrens.

Oslos monumentales Rathaus wurde zum 900-jährigen Jubiläum der Stadt im Jahre 1950 eingeweiht. Es liegt malerisch direkt am Ende des Oslofjords.

Wo die Berge am höchsten sind

Oslo – Gudbrandsdalen – Lillehammer – Jotunheimen

Dem außerordentlichen landschaftlichen Abwechslungsreichtum mit Höhen von null bis 2469 Meter über dem Meeresspiegel entsprechen in Ostnorwegen klimatisch gravierende Unterschiede: Während das sonnige Gebiet am äußeren Oslofjord durchschnittlich nicht weniger als 136 Sommer- und lediglich 79 Wintertage zählt, herrscht im schneesicheren oberen Gudbrandsdalen an vollen 189 Tagen der Winter und nur 70 Tage sind Sommertage. Das angenehme Klima im Süden und die für Land- und Forstwirtschaft sehr gut geeigneten Böden führten dazu, dass in dieser Region mehr als die Hälfte aller Norweger wohnt.

Oslo – zwischen Fjord und Wald

Die Metropole Norwegens liegt am Fuß bewaldeter Berge an den Ufern des tief in das Land einschneidenden Oslofjords: Residenz- und Hauptstadt, Universitäts- und Kulturzentrum, bedeutendste Hafen- und Handelsstadt und mit knapp 600 000 Einwohnern die bevölkerungsreichste Stadt des Landes. Längs des Fjords mit seinen Buchten setzt sich die Bebauung an den Grenzen der Stadt im benachbarten Fylke Akershus fort. Insgesamt leben im Großraum Oslo 1,9 Millionen Menschen.
Neben Wald, Wasser und Sonne wird die Unverwechselbarkeit Oslos von weitläufigen Landschaftsparks und von einem reichen Kulturangebot bestimmt: Vier Theater, die norwegische Oper und zahlreiche Museen haben hier ihren Sitz, darunter die Nationalgalerie und das Munchmuseum sowie auf der Museumshalbinsel Bygdøy die Wikingerschiffe von Oseberg und Gokstad und das Freilichtmuseum mit rund 150 historischen Gebäuden einschließlich der Stabkirche von Gol.
Die schönste Art der Annäherung an Oslo ist die Fahrt durch den Oslofjord: Wenn man die Schären und Buchten und dann die Stadt und dahinter die Berge sieht – das ist Oslo, unverwechselbar, eine Perle zwischen Wald und Meer.
Dieses wunderschöne Fleckchen Fels und Erde zwischen den bewaldeten Bergen und dem sonnigen Fjord lockte zu allen Zeiten Menschen an. Die ältesten Siedlungsspuren reichen bis in die Steinzeit zurück. Der Name stammt aus germanischer Zeit: Oslo bedeutet »Asen-Hain« – den Göttern geweihte Lichtung im Wald. Um das Jahr 1050 gründete König Harald Hardråde im Osten dieser Stätte eine Handelsstadt, die bereits 20 Jahre später Bischofssitz wurde. Im Jahr 1299 löste Oslo Bergen als Hauptstadt Norwegens ab und etablierte sich in der Folgezeit als wichtigstes wirtschaftliches und geistiges Zentrum des Landes. Von den neun Kirchen Alt-Oslos, den Klöstern, der Bischofsburg, dem Königssitz und anderen Bauwerken sind Ruinen erhalten und teilweise in »Ruinenparks« zu besichtigen.
Als im Jahr 1624 ein Brand die Stadt Oslo verwüstete, ließ der dänische König Christian IV. westlich der Akerselva eine neue Stadt errichten, in der auch Privathäuser aus Brandschutzgründen in Stein erbaut werden mussten. Diese neue Residenzstadt mit ihrem rechtwinkligen Straßenraster wurde nach dem König »Christiania« genannt, während die vom Brand weitgehend zerstörte alte Stadt östlich der Akerselva weiterhin »Oslo« hieß; erst seit 1925 heißt die gesamte Stadt »Oslo«. Dominiert wurde die neue Residenzstadt von der auf einer felsigen Halbinsel gelegenen Festung Akershus, die Christian IV. zum Schloss umbauen ließ. Schloss und Festung Akershus zählen heute zu den Hauptsehenswürdigkeiten Oslos. Neben dem hervorragenden Panorama von den Wällen der Schloss- und Festungsanlage beeindruckt vor allem ein Besuch des norwegischen Widerstandsmuseums (Norges Hjemmefrontmuseum), das ebenfalls in der Festung untergebracht ist.

1 *Oslos Festung Akershus auf der Halbinsel Akersnes.* – 2 *Die Karl Johans gate ist die Verbindung zwischen Parlament und Stadtschloss. Hier findet man die schönsten Geschäfte, die besten Hotels und die gemütlichsten Cafés der Stadt.*

1

2

1

2

Oslos Schlosspark

Oslo ist reich an Grünanlagen und Parks, die beiden bedeutendsten sind der weitläufige Schlosspark und der Frognerpark mit den berühmten Plastiken Gustav Vigelands.

Der Gang durch die von Geschäften, Restaurants und Cafés gesäumte Prunk- und Paradestraße Karl Johans gate am Stortingsgebäude, am Grand Hotel, am Nationaltheater und an der Alten Universität vorbei zum Schloss bildet den klassischen Einstieg in die Besichtigung Oslos. Neben der Universität befinden sich am Rand des Schlossparks das Historische Museum mit Exponaten von der Steinzeit bis zu den Wikingern, vom christlichen Mittelalter bis zu den Polarexpeditionen und der Kultur der Samen. Auch die Nationalgalerie (Nasjonalgalleriet), der bedeutendste Kunsttempel Norwegens mit Werken einheimischer (Schwerpunkt: norwegische Nationalromantik) und ausländischer Künstler von Cézanne und van Gogh bis Picasso und Rodin, hat hier ihren Sitz. Vom Schlosspark ist der Abstecher zum Frognerpark mit den Plastiken Gustav Vigelands zu empfehlen.

Zu den meistfotografierten Motiven im Schlosspark mit seinem alten Baumbestand zählt neben dem Königsschloss und der Wachablösung die malerisch von Laubbäumen umgebene Camilla-Collett-Statue von Vigeland. Die Schriftstellerin Collett (1813–95) war die erste Frauenrechtlerin Norwegens. Während ihr Bruder, der Dichter Henrik Wergeland (1810–45), für die geistige und politische Emanzipation Norwegens und für die Lösung von Schweden eintrat, kämpfte Collett für »kvinnesaken«, die Emanzipation der Frauen. Am 31. Mai 1911 wurde ihre Statue im Schlosspark enthüllt, nur einen Steinwurf von Wergelands »Grotten«-Villa entfernt. Die Feministin Gina Krog würdigte Leben und Werk Colletts, und über der Menge wehten die Fahnen der Frauenstimmrechtsbewegung.

Zwar besaßen die Norwegerinnen damals mehr politische Rechte als in Schweden, Dänemark, Deutschland, Österreich oder der Schweiz, aber erst am 7. Juli 1913 verabschiedete das Storting das Gesetz zur Einführung des uneingeschränkten aktiven und passiven Frauenwahlrechts auf Kommunal- und Reichsebene: Damit durften sich die Norwegerinnen nicht nur wie bislang an den Stortingwahlen beteiligen, sondern konnten erstmals auch gewählt werden.

Klobig und nackt – die Vigeland-Figuren

Der zweite große Landschaftspark in Oslo ist der Frognerpark mit dem Hauptwerk des Bildhauers Gustav Vigeland: ein plastisch-landschaftsgestalterisch-architektonisches Ensemble aus 190 Skulpturen in Bronze und Granit mit Szenen aus Leben und Liebe, darunter der »Lebensbaum«, ein Monolith mit verschlungenen nackten Leibern. Die Skulpturen mit rund 650 Einzelfiguren sind längs einer 850 Meter langen Achse angeordnet, in deren Mittelpunkt sich das Plateau mit dem 16,75 Meter hohen Monolithen erhebt. Bei den meist überlebensgroß und immer unbekleidet dargestellten Menschen aller Altersstufen herrschen symbolträchtige, kraftvoll quellende und oft kompliziert ineinander verschränkte und bewegte Formen vor. Das Skulpturenensemble ist eine der Hauptsehenswürdig-

3

4

5

1 *Die kühne Konstruktion der neuen Oper am Oslofjord löste in der Hauptstadt keineswegs nur Begeisterung aus.* – 2 *Vom Aurlandsfjord zweigt der zum Weltnaturerbe gehörende Nærøyfjord ab.* – 3 *Ein Soldat steht Wache am Königlichen Schloss Oslo.* – 4 *Das Nobel-Friedenszentrum in Oslo.* – 5 *Das klassizistische Königliche Schloss Oslo dient unter anderem als Residenz des Königs.*

keiten Oslos und wird jährlich von Zehntausenden besichtigt.

Museumshalbinsel Bygdøy

Die waldreiche Villen-Halbinsel Bygdøy im Oslofjord im westlichen Bereich der Hauptstadt trägt den bedeutendsten Museumskomplex Norwegens. Hier befinden sich das Norwegische Seefahrtsmuseum, das Freilichtmuseum Norwegisches Volksmuseum, das Museum der Wikingerschiffe, das Framhaus mit Fridtjof Nansens berühmtem Polarschiff »Fram«, das Kon-Tiki-Museum mit dem Balsafloß von

Thor Heyerdahl und der Liegeplatz von Heyerdahls Papyrusboot »Ra 2«.

Aker Brygge – Boutiquen und Theater

Während das Rathaus (1931–50), das mit seiner Doppelturmarchitektur früher als das moderne Wahrzeichen Oslos galt, den Geschmack einer Beamtenstadt der ersten Hälfte des 20. Jahrhunderts spiegelt, bündeln sich im Erlebnis-, Kauf- und Kulturzentrum Aker Brygge die Ansprüche des modernen Oslo: In aussichtsreicher Lage direkt am Fjord entstand ein autofreies Ensemble von Cafés, Restaurants, Boutiquen, Theatern und Kinos, dessen postmoderne Architektur Teile der alten Werft, die sich hier vorher befand, einbindet. Mit der Verbindung aus Alt und Modern, aus Shopping, Eventkultur, Gastronomie und gepflegter Hafenatmosphäre hat Aker Brygge das Rathaus als moderne Visitenkarte Oslos abgelöst.

Gudbrandsdalen – Tal der Täler

Das Gudbrandsdalen durchzieht auf einer Länge von 203 Kilometern die Gebirgswelt des nördlichen Ostnorwegen. »Dalen over alle daler« nannte der Dichter Henrik Wergeland dieses imposante Tal, dessen Hänge sich oft steil bis auf Höhen von 1000 Metern hinaufschwingen. Beidseits des vom Lågen durchflossenen Talgrunds liegen zum Teil jahrhundertealte Höfe, westlich des Tals erstrecken sich Ausläufer des Jotunheimen-Gebirges, im Osten die Gebirgslandschaften von Øyerfjellet und Ringebufjellet sowie der Nationalpark Rondane. Das Gudbrandsdalen ist ein idealer Ausgangspunkt zur Erkundung dieser Gebirge, und sein größtes Nebental, das Ottadalen, führt direkt zum Nationalpark Jotunheimen.
Das Gudbrandsdalen beginnt im Süden bei der Olympiastadt Lillehammer am See Mjøsa, dem größten See Norwegens. Von hier streicht es in zahlreichen Windungen nach Nordwesten und endet am See Lesjaskogsvatnet in 612 Metern Höhe. Seit Menschengedenken bildete das Gudbrandsdalen die wichtigste Verbindungslinie zwischen Ost- und Mittelnorwegen. Heute verläuft hier die Europastraße 6. Auch der Dovrebanen, die Eisenbahnlinie von Oslo nach Trondheim, folgt bis Dombås dem Gudbrandsdalen.
Eng verbunden ist das Gudbrandsdalen mit den norwegischen Literaturnobelpreisträgern Bjørnson, Undset und Hamsun. Sigrid Undset lebte ab den Jahren 1919/20 mit Ausnahme der NS-Besatzungsjahre in Lillehammer. Ihr Hauptwerk und eines der bedeutendsten Werke der norwegischen Romanliteratur ist die im Gudbrandsdalen spielende Trilogie »Kristin Lavransdatter« (1920–22). Darin schildert sie die Entwicklung der eigenwilligen, leidenschaftlichen Titelgestalt, der im Spannungsfeld zu mehreren Männern stehenden tatkräftigen Gudbrandsdalen-Bäuerin Kristin.
Die Handlung ist ins 14. Jahrhundert verlegt, ohne dass Undset den Versuch unternahm, den Sagastil zu imitieren: In packendem Realismus entwickelt sich ein Monumentalepos, in dem Pflichtgefühl und Glückssehnsucht, Erotik, Intrigen und Hass sowie die Verbundenheit mit Himmel, Erde und Gott als Triebfedern menschlichen Handelns erscheinen.
Im Jahr 1928 erhielt Undset den Literaturnobelpreis »für ihre kraftvollen Schilderungen des nordischen Lebens im Mittelalter«. Im Jahr 1936 wurden die Bücher der engagierten NS-Gegnerin in Deutschland verboten. Undsets Schilderungen des nordischen Lebens waren der pseudonordisch-rassistischen Blut- und Boden-Ideologie der Nationalsozialisten diametral entgegengesetzt. Beim Überfall von Hitler-Deutschland auf Norwegen fiel im April 1940 Undsets ältester Sohn; die Nobelpreisträgerin floh unter dramatischen Umständen in die USA, wo sie ihren publizistischen Kampf gegen das NS-Regime fortsetzte. 1949 starb sie in Lillehammer.

1 *Das Kon-Tiki-Museum mit dem Balsafloß von Thor Heyerdahl liegt auf der Museumshalbinsel Bygdøy im Oslofjord.* – 2 *Jahrhundertealte Gehöfte prägen das Gudbrandsdalen, Norwegens »Tal der Täler«.* – 3 *Entlang des Matuweges Peer-Gynt-Vegen blüht und grünt es allerorten.*

2

3

Freilichtmuseum Maihaugen

Maihaugen, eine parkartig gestaltete Hügellandschaft am Ortsrand der Olympiastadt Lillehammer, ist eines der größten Freilichtmuseen Nordeuropas. Es besteht aus rund 190 historischen Gebäuden aus dem Gudbrandsdalen und seinen Nebentälern. Die Objekte verteilen sich auf die Sammlungen »Dorf«, »Stadt« und »20. Jahrhundert«. Zu den berühmtesten Bauten zählt die Stabkirche von Garmo aus dem 13. Jahrhundert. In den Sommermonaten sind einige Gehöfte und Häuser des Freilichtmuseums Maihaugen bewohnt, auch einiges Vieh läuft dann umher, damit die Besucher hautnah erleben können, unter welchen Umständen die Menschen im 19. Jahrhundert unter den sodengedeckten Dächern lebten, Holz hackten, am Spinnrad saßen, an der Feuerstelle Essen zubereiteten und in der Halle speisten.

Knut Hamsun – Wahnsinn und Genie

Der bekannteste Sohn des Ottadalen ist Knut Hamsun. Am 4. August 1859 wurde er in Garmostræe bei Garmo in der Gemeinde Lom im größten Seitental des Gudbrandsdalen als Knud Pedersen geboren. Sein Vater war ein in Armut lebender Schneider bäuerlicher Herkunft, Hamsuns als museale Gedenkstätte zugängliches Geburtshaus ist auch ein Museum der Armut.
Getauft wurde Hamsun in der Stabkirche von Garmo, die heute im Freilichtmuseum Maihaugen in Lillehammer steht. Im Jahr 1862 verließ die Familie Pedersen das Ottadalen und übersiedelte ins Nordland nach Hamsund auf der Insel Hamarøy gegenüber der Lofoten-Inselgruppe; nach diesem Wohnort, der ihn wie kein anderer geprägt hat, wählte Hamsun später seinen Künstlernamen.
Anders als Sigrid Undset begrüßte Hamsun den Überfall des nationalsozialistischen Deutschen Reichs auf Norwegen. Der 81-Jährige erwartete vom »Führer« und seinen Helfern die Errichtung einer nordisch-germanischen Gemeinschaft, basierend auf positiven Werten. Auch in Deutschland hatten im Jahr 1933 viele die »Machtergreifung« begrüßt, weil die germanisierende NS-Propaganda in ein spirituelles Vakuum gestoßen war und ein neues Gemeinschaftsgefühl hervorzurufen verstanden hatte. Aber während bald darauf offenbar wurde, dass die NS-Ideologie germanische Symbole und Mythologie nur missbrauchte, um einen totalitären KZ-Staat aufzubauen, drang dieses Wissen noch nicht in das Bewusstsein des greisen Hamsun vor, der weiter verschwommene nordische Träume hegte. Er stutzte zwar, als die Königsfamilie außer Landes floh, aber er benutzte weiter die Macht seiner Feder, um – wie er meinte, zum Besten seines Landes – in Artikeln für das NS-Regime zu werben. Hartnäckig hielt Hamsun, obwohl er sich in seinem Werk gegen solche »Führerfiguren« ausgesprochen hatte, an seinem Glauben an den »Führer« fest, selbst nachdem die deutsche Wehrmacht halb Norwegen verwüstet hatte. Hamsuns schwärmerischer Irrsinn missfiel schließlich sogar der NS-Führung, denn dieser Irrsinn war nicht nationalsozialistisch gemeint – im Gegenteil: Genau in diesem Widerspruch liegt die Tragik des greisen Autors.

1 *Aus dem 17./18. Jahrhundert stammt die Inneneinrichtung der um das Jahr 1200 erbauten Stabkirche von Ringebu im Gudbrandsdalen. Hier die Darstellung einer Pfarrersfamilie.* – 2 und 3 *Im Freilichtmuseum Maihaugen bei Lillehammer sieht man, wie früher gearbeitet und gelebt wurde.* – 4 *In Maihaugen stehen außerdem 175 alte Gebäude aus dem Gudbrandsdalen, in denen man Werkstätten und Wohnräume aus alten Zeiten sehen kann.*

4

Nach dem Krieg wurde Hamsun vor Gericht gestellt und zur Rechenschaft gezogen; 1948 wurde der Autor von Werken der Weltliteratur wie »Hunger«, »Pan« und »Segen der Erde« wegen Landesverrats zu einer Geldstrafe von 425000 Kronen verurteilt, was letztlich einer Enteignung gleichkam.

Jotunheimen – Dach von Skandinavien

Das Museum von Bjørnsons Hjem befindet sich in Aulestad im Gausdal, einem Seitental des Gudbrandsdalen. Hier lebten ab dem Jahr 1874 Karoline und Bjørnstjerne Bjørnson, der erste skandinavische Literaturnobelpreisträger und Dichter der norwegischen Nationalhymne.

Um die Jahrhundertwende war Aulestad eines der geistigen Zentren Norwegens. Als Bjørnson 1903 als erster Skandinavier den Nobelpreis für Literatur erhielt, war er aufgrund seines politischen und sozialen Engagements bereits europaweit bekannt: Er kämpfte für die staatliche Unabhängigkeit Norwegens, engagierte sich in der Friedensbewegung und setzte sich für unterdrückte Minderheiten ein.
Als Erzähler begründete Bjørnson in Norwegen die nationalromantisch gefärbte, realistische Bauernnovelle mit psychologisch feinfühlig differenzierten Gestalten und einem den altnordischen Sagas nachempfundenen Stil (»Synnøve Solbakken«, 1857). Bjørnsons Lyrik reicht vom Kinderlied bis zur Romanze, sein bekanntestes Gedicht ist die norwegische Nationalhymne: »Ja, vi elsker dette landet« – ja, wir lieben dieses Land.
Hier, im Jotunheimen – dem »Heim der Riesen« –, erheben sich die höchsten Berge Nordeuropas. Mehr als 200 Gipfel dieses vergletscherten Gebirgsmassivs ragen über die 2000-Meter-Grenze hinaus; höchste Erhebungen sind der Galdhøpiggen mit 2469 Metern und der von einer Eiskappe bedeckte Glittertind mit circa 2464 Metern. Mit der Ausweisung als Nationalpark im Jahr 1980 wurde eine Landschaft vor der Zerstörung bewahrt, die mit ihren Gipfeln, Graten und Gletschern, ihren fruchtbaren Tälern und Pflanzenoasen, Seen und Wasserfällen zu den abwechslungsreichsten und wildesten Europas zählt.
Heute ist der Jotunheimen die durch Hütten und markierte Routen am besten erschlossene und meistbesuchte Bergwanderregion Skandinaviens, ein Paradies für Wanderer, Kletterer und Skitourengeher, eine Schatztruhe für Botaniker und Geologen. Da sich das Gebirge auf der Grenze zwischen Ost- und Westnorwegen erhebt, weist es die Reliefformen beider Landesteile auf und ermöglicht Touren, die allen sportlichen und alpinistischen Ansprüchen gerecht werden können.
Der Name Jotunheimen spielt auf das altnordische »Heim der Riesen« an, wie in der eddischen Kosmologie die Welt der machtvollen Riesen, Thurse und Trolle heißt. Flüsse und der Eisenwald trennen das eddische Riesenheim von der Menschenwelt Midgard; auch die Annäherung aus der heutigen Menschenwelt an das reale Jotunheimen-Gebirge ist trotz allen Fortschritts nicht ganzjährig möglich. Im Osten wird der Nationalpark durch das fruchtbare Tal Sjodalen begrenzt und läuft im Südosten in die Hochfläche Valdresflya aus. Sjodalen und Valdresflya sind durch die Reichsstraße 51 erschlossen, deren höchster Trakt im Winter gesperrt ist.
Auch die landschaftlich einzigartige Reichsstraße 55 vom Ottadalen im Norden über das Sognefjell im Nordwesten ist im Winter unpassierbar, gleiches gilt für die Reichsstraße 252 zu den Seen Bygdin und Tyin an der Südgrenze des Nationalparks. Auch wenn die Straßen wieder befahrbar sind, liegt auf vielen Mautwegen, auf denen die Wanderausgangspunkte erreichbar sind, noch im Juni vielfach Schnee. Als schönste Zeit im Riesenreich gilt der einsame, farbenprächtige, sonnige September.
Die Schönheit und Dramatik dieser Gebirgslandschaft war seit der touristischen Entdeckung im 19. Jahrhundert auch für viele Künstler eine Quelle der Inspiration. Das Museum »Vinjestugu« in Eidsbugarden am See Bygdin erinnert an den romantischen Dichter und Wanderer Aas-

1 *In Freilichtmuseen wird eindrücklich gezeigt, wie das bäuerliche Leben und Arbeiten im Gudbrandsdalen aussah. Hier ein Bauer beim Schleifen seiner Sense.* – 2 *Mädchen wenden auf traditionelle Art das Heu.* – 3 *Knut Hamsuns Geburtshaus im Ottadalen ist heute ein Museum kleinbäuerlicher Natur.*

2

3

1

mund Olavsson Vinje (1818–70), den Erfinder des Namens »Jotunheimen«. Edvard Grieg notierte in den 1890er-Jahren im Zuge der europaweiten Volksmusikbewegung auf der Alm und heutigen Herberge Gjendebu die Lieder der Sennerin Gjendine Saalien und verarbeitete sie als »Norwegische Volksweisen« zu Kostbarkeiten der klassischen Musik.

Peer Gynt auf dem Besseggen

Das Drama »Peer Gynt« von Henrik Ibsen, untermalt mit Griegs Bühnenmusik, machte die Wanderung über den Grat Besseggen bekannt, die meistbegangene Wanderroute im Jotunheimen. Der Besseggen über dem smaragdgrünen See Gjende im Nationalpark Jotunheimen ist der bekannteste Felsgrat Norwegens und ein Wanderklassiker, der in außergewöhnlichem Abwechslungsreichtum die Schönheit des norwegischen Gebirges erleben lässt mit faszinierender Aussicht auf Seen, Gipfel und Gletscher. Henrik Ibsens Peer Gynt bezeichnet den Besseggen als »scharf wie eine Sense«; er behauptet zudem, die Tour auf einem Renbock unternommen zu haben und dabei abgestürzt zu sein.

Peer Gynt, der sagenumwobene Abenteurer, Bauer und Jäger, lebte vermutlich im 18. Jahrhundert und zählt zu den bekanntesten Gestalten Norwegens. Im Gudbrandsdalen erinnern heute rund um das Städtchen Vinstra, wo Peer Gynt auf dem Hof Håga gewohnt haben soll, Cafés, Geschäfte und Restaurants an den berühmten Abenteurer. Durch die Berglandschaft westlich des Gudbrandsdalen führt der mautpflichtige Peer-Gynt-Vegen als attraktive Alternative zur gut ausgebauten Europastraße 6.

Da Henrik Ibsen aus den norwegischen Märchen und Sagen geschöpft hatte, die Peter Christen Asbjørnsen veröffentlicht hatte, galt Peer Gynt lange als die Verkörperung des Norwegers schlechthin. In einer Fülle von Episoden und Schauplätzen schildert das Drama die Geschichte einer Selbstfindung.

»Du selbst zu sein, sei dein Ruhm« – dieser Satz durchzieht leitmotivisch das Werk. Der hübsche Bauernjunge zeichnet sich durch reiche Fantasie und unbändigen Tatendrang aus, doch gelingt es ihm nicht, seine Träume Wirklichkeit werden zu lassen und sein »Selbst« zu finden, alles, was er anpackt, bleibt Episode. Ob er die Braut eines andern verführt und wieder verlässt, sich am Hof der Trolle im Dovrefjell als Schwiegersohn vorstellt, oder ob er für seine Geliebte Solveig eine Waldhütte baut – alles bleibt unvollendet, bleibt Episode.

Den ruhenden Gegenpol zu diesem unsteten Umherschwärmen bildet das aus einer Pietistenfamilie stammende Mädchen Solveig. Während Solveig in der Waldhütte lebt und in ihrer Arbeit und der gedanklichen Liebe zu Peer Erfüllung findet, reist Peer in die Fremde, um sein »Kaiserreich« zu gründen, doch fern der Heimat widerfährt ihm dasselbe: Er bleibt »ein Mann, der niemals er selbst gewesen.«

Als alter Mann kehrt er am Ende zurück und begegnet der inzwischen erblindeten Solveig wieder. Dem Heimatlosen sagt Solveig, wo sein »Selbst« die ganze Zeit über war: »In meinem Glauben, in meinem Hoffen, in meinem Lieben.« Indem Peer zu Solveig heimfindet, findet er zu sich selbst.

1 *Einen atemberaubenden Blick auf die Seen Gjende und Bessvatnet im Jotunheimen-Nationalpark hat man vom Gipfel des Besseggen.* – 2 *Am Sognefjellsvegen können die Schneemassen unglaubliche Dimensionen annehmen.* – 3 *Eine Fähre überquert den Gjende.* – 4 *Bis weit in den Sommer hinein bleibt im Jotunheimen der Schnee liegen.*

Seite 76/77
Blick vom Sognefjellsvegen zum Gletscher Smørstabbreen.

2

3

4

2

1 *Die kleine Kirche steht einsam inmitten des Oslofjordes und trotzt den Wassermassen.* – 2 *Der Frognerpark gehört zum Gut Frogner und beinhaltet den bekannten Vigeland-Skulpturenpark.* – 3 *Eine der wohl berühmtesten Statuen des Vigeland-Skulpturenparks ist der Sinnatagen, der Trotzkopf.* – 4 *Ganze 212 meist unbekleidete Granit- und Bronzeskulpturen kann man im Vigelandpark bewundern. Zwischen 1907 und 1942 hat der norwegische Bildhauer Gustav Vigeland die eigentümlichen Kolosse geschaffen.*

3

4

Sørlandet und Telemark

Das Sørland im äußersten Süden ist Norwegens kleinster Landesteil. Die Felsen von Kap Lindesnes markieren den südlichsten Punkt des norwegischen Festlandes. Vom Skagerrak erstreckt sich das waldreiche Sørland hinauf zu den Fjellgebieten der Setesdalsheiene am Fluss Otra, der im Setesdal ein imposantes Tal mit Wasserfällen und senkrecht aufsteigenden Felswänden durchfließt. Im Nordosten geht das Sørland nahtlos in die Landschaft Telemark über, die Wiege des modernen Skilaufs.
Auch die großen touristischen Leitlinien verbinden Sørlandet und Telemark: Die Sørlandsbahn und die Europastraße 18 führen von Oslo durch Telemark in die Hafenstadt Kristiansand, die größte Stadt im Sørland. Warme, sonnige Sommer und schneereiche Winter machen das Sørland fast ganzjährig zu einem idealen Ausflugsgebiet, viele der malerischen Hafenorte an der buchten- und schärenreichen Skagerrakküste strahlen ein mediterranes Flair aus, etwa das auf sieben Inseln erbaute Arendal, die Holzhausstadt Mandal und Flekkefjord an der Grenze zu Jæren.

Die »weiße Stadt« Risør liegt auf der Spitze einer weit in das Skagerrak vorragenden Halbinsel.

Schären und Wälder

Kragerø – Risør – Kap Lindesnes – Setesdal

Die Sørland-Küste ist ein sonnenverwöhntes Bade- und Wassersportparadies, das ein Schärengürtel vor der offenen See schützt. Schären sind kleine, überwiegend vegetationslose Felsinseln, die in ehemaligen Vereisungsgebieten beim Eindringen des Meerwassers nicht geflutet wurden. Sie treten in Schwärmen auf und sind als »Schärengärten« der Küste vorgelagert. Von fast allen Hafenorten starten Ausflugsboote zu »Kreuzfahrten« durch den Schärengarten. Als die beeindruckendste Bootsausflugsroute gilt die Blindleia, das stellenweise nur zehn Meter breite Fahrwasser zwischen Lillesand und Høvåg bei Kristiansand. Während die Inseln der Schärenküste zwischen Kristiansand und Lillesand relativ häufig bebaut sind, sind die rund 200 Inseln zwischen Kristiansand und Mandal weitgehend unberührt, viele dieser Felsinseln sind wichtige Rückzugs- und Brutplätze für Seevögel.

Europastraße 18 – Schärenstraße

Die Europastraße 18 erschließt zwischen Oslo und Kristiansand die sonnige Sørlandküste mit ihren Schären und malerischen Holzhaus-Hafenorten vom Langesundsfjord bei Porsgrunn in Telemark bis zur 175 Kilometer entfernten Hafenstadt Kristiansand. Die E 18 verläuft wenige Kilometer im Binnenland parallel zur buchtenreichen Felsküste, die Strände, Hafenorte und all die vielen Natursehenswürdigkeiten sind im Rahmen kurzer Abstecher erreichbar.
Alternativen zur Europastraße sind auf einigen Streckenabschnitten die alten Küstenstraßen wie die, so die Provinzstraße 351 zwischen der Künstlerstadt Kragerø und der »weißen Stadt« Risør sowie weitere Küstenstraßen bis Arendal; von Kragerø bietet sich ein Ausflug auf die Insel Jomfruland an, von Risør auf den Lyngør-Archipel mit »Europas besterhaltenem Dorf«. In der »Ibsenstadt« Grimstad sind die Seenplatte und der Landschaftspark Dømmesmoen lohnende Ziele, während die Besucher an der Küste von Mandal einer der bekanntesten Badestrände des Sørlands erwartet.
Von Kristiansand, wo die Reichsstraße 9 in das sehenswerte Setesdal abzweigt, führt die Europastraße 39 weiter in das 125 Kilometer entfernte Flekkefjord, wo die Schären an der Grenze zu Jæren enden.

Künstlerstadt Kragerø

Die Schärenküste von Telemark erstreckt sich auf 40 Kilometern vom Langesundsfjord bis zur Künstlerstadt Kragerø. Hunderte von größeren und Kleinstinseln säumen die Küste, viele sind Rückzugs- und Brutgebiete für Seevögel, sodass Friluftsliv- und Naturschutzbelange abgegrenzt wurden. Ca. 90 Seevogelreservate sind von Mitte April bis Mitte August mit Betretungsverbot belegt, auch die Annäherung im Boot darf nur bis auf 50 Meter erfolgen, die anderen Inseln dienen als »Schärenpark« den unterschiedlichsten Friluftsliv-Aktivitäten oder sind bewohnt. Der malerischste Ort dieses Küstenabschnitts ist das teils auf der Spitze einer weit in den Schärenpark hinausragenden Halbinsel, teils auf einer Insel gelegene Hafenstädtchen Kragerø. Die Stadtgemeinde besteht aus zahllosen Inseln, von denen viele stattliche Feriendomizile tragen; ab dem 19. Jahrhundert avancierte die naturschöne Inselwelt von Kragerø zu einem bevorzugten Urlaubsort vermögender Bürger überwiegend aus dem Großraum Oslo. Gleichzeitig entdeckten Künstler dieses Gebiet, der bekannteste war Edvard Munch, der 1909–15 auf dem Anwesen Skrubben lebte und in seinem Freiluftatelier mit Blick auf die Schären malte. In Kragerø geboren wurde der Zeichner und Maler Theodor Kittelsen (1857–1914), dessen Geburtshaus im Kittelsensvei 5 als museale Gedenkstätte zu besichtigen ist. Kittelsen wurde berühmt durch fantasievolle Illustrationen zu Märchen und Sagas, seine Aquarellserie »Jom-

1 *Der kleine Ort Kragerø liegt am gleichnamigen Fjord im Süden Norwegens. Im Sommer ist nicht nur der Hafen oft sehr überlaufen.* – 2 *Seit 1666 schon gibt es die Kleinstadt Kragerø. Heute leben die Einwohner vor allem vom Tourismus, Fischfang und der Schifffahrt.*

1

2

fruland« (1893, Oslo, Nasjonalgalleriet) zeigt ihn als stimmungsvollen Naturschilderer. Die sagenumwobene Insel Jomfruland mit ihren Eichenwäldern und Badestränden und ihrem reichen Pflanzen- und Vogelleben liegt wie ein schützender Wall vor dem Schärenhof Kragerøs und ist in einer knappen halben Stunde mit der Fähre erreichbar.
Die Seen der Umgebung von Grimstad bilden ein Dorado für Kanuwanderer und Wassersportler, auch die Schärenküste mit ihren Felsen und Badestellen weist wunderschöne Plätze auf. Mehrere museale Einrichtungen erinnern daran, dass der Dramatiker Henrik Ibsen 1844–1850 eine Apothekerlehre in Grimstad absolvierte. Der Reimanngården in der Vestregate 3 ist das wieder aufgebaute Apothekengebäude, in dem er als Lehrling arbeitete und zunächst in beengtesten Verhältnissen wohnte sowie zum ersten Mal Vater wurde. Im Ibsenhuset in der Henrik Ibsensgate bezog er im Jahr 1847 sein erstes eigenes Zimmer und verfasste dort auch sein erstes Drama.

Weiße Stadt Risør

Die weiße Stadt Risør liegt an der Spitze einer weit in das Skagarrak vorspringenden Halbinsel. Mit ihrer stilvollen Holzhausbebauung aus dem 19. Jahrhundert ist sie ein lebendiges Freilichtmuseum: Das Areal mit 586 Holzhäusern – viele weiß, andere im traditionellen Falunrot – hat den Status eines »antiquarischen Spezialgebiets« erhalten und wird dementsprechend hervorragend gepflegt. Erbaut wurde die »weiße Stadt« nach einem Großbrand, den 1861 außer der barocken Hellige Ånds Kirke (1647) nur wenige Häuser überstanden. In den folgenden Jahren wurden in Massivholz die weiß gestrichenen Häuser errichtet in einer fantasievollen Stilmischung mit Elementen des Empire- und des Biedermeier-Stils. Auf den Grundstücken, die in den Jahren nach dem Brand frei blieben, entstanden in den 1870er Jahren Holzvillen im »Schweizerstil« mit höheren Stockwerken, schmaleren Fenstern und vorgezogenen Dachfirsten. Seinen Reichtum verdankte Risør dem auch im Winter zumeist eisfreien Hafen, von dem aus Fisch und insbesondere Eis für die Fischmärkte in London und anderswo exportiert wurde.
Auch die Kalkfelsen von Risør leuchten weiß. Der berühmteste unter ihnen ist wohl der 45 Meter hohe Risørflekken, der bei klarer Sicht zwölf Seemeilen weit sichtbar ist. Früher diente er den Schiffern als Seezeichen, heute ist er einer der schönsten Aussichtspunkte der gesamten Sørland-Küste mit herrlichem Blick auf die Holzhausstadt, den Schärengarten und hinaus aufs offene Meer.

Lindesnes – Südkap Norwegens

Genau 2518 Straßenkilometer vom Nordkap entfernt markieren die Felsen von Lindesnes den südlichsten Punkt des norwegischen Festlands. Wer das ganze Land in seiner immensen Vielfalt über 13 Breitengrade hinweg »erfahren« will, startet die Reise nach Norden hier an der windumtosten, von der Brandung umrauschten Südspitze einer von Wald und Fels geprägten Landzunge am Übergang von Skagerrak und Nordsee.
Wahrzeichen von Lindesnes ist das Lindesnes fyr, ein im Jahr 1915 errichteter Leuchtturm, dessen Aussichtsgalerie einen hervorragenden Blick auf die von Felsen geprägte Sørlandküste mit ihren Inseln und auf die See bietet. Dank Aussichtsreichtum und Sichtbarkeit wurde auf dem Felsen von Lindesnes am 27. Februar 1656 das erste Leuchtfeuer in der neuzeitlichen Geschichte Norwegens entzündet: 30 Talglichter im oberen Teil eines dreigeschossigen Turms sollten die unfallträchtigen Gewässer vor dem südlichsten Punkt

des norwegischen Festlands sicherer machen. Dieses erste Leuchtfeuer brannte nur für wenige Monate, 1725 wurde der Dauerbetrieb aufgenommen. Damit die Lichtzeichen von Lindesnes und dem jütländischen Skagen sofort unterschieden werden konnten, wurde die norwegische Südspitze mit zwei Feuern ausgestattet: Bis zum Jahr 1844 brannte ein Kohlenfeu-

1 *Malerisch liegt Risør an der Skagerrakküste. Sie ist beliebtes Ziel nicht nur für Segler.* – 2 *Das kleine Städtchen ist besonders für die stilvolle Holzhausbebauung aus dem 19. Jahrhundert und für den heimeligen Hafen bekannt. Nicht umsonst wird es auch die »Perle des Sørlandets« genannt.* – 3 *Nicht zuletzt die kleine weiße Kirche in Risør trägt zum Charme des Ortes bei.*

er auf dem heutigen Leuchtturmfelsen und ein zweites auf der Insel Markøy. Heute schaltet sich die 1000 Watt starke Halogenlampe bei einbrechender Dunkelheit automatisch ein und strahlt das charakteristische Lichtsignal aus: alle 20 Sekunden ein starkes Blinken vor einem konstanten »Hintergrund« von schwächerem Licht.
Lindesnes zählt zu den meistbesuchten Stätten im Sørlandet, allerdings beschränkt sich der Besucherandrang auf den Leuchtturm, und wer von dort zum tatsächlich südlichsten Punkt des norwegischen Festlands wandert, kann dies auch in der Hauptsaison meist in Ruhe tun. Vom Leuchtturm aus ist das Ziel in Sicht: Es sind die noch weiter südlich in die See hineinragenden Felskuppen im Osten.

Das Setesdal

Das Setesdal mit seinen Wasserfällen und senkrecht aufsteigenden Felswänden zählt zu den naturschönsten Tälern Norwegens. Vom Binnensee Byglandsfjord streicht das von der Otra durchflossene Tal 100 Kilometer nordwärts, flankiert von zwei bedeutenden Fuß- und Skiwandergebieten: Setesdals- und Austheiene. Haupturlaubsorte sind das Wintersportzentrum Hovden in der Gemeinde Bykle und das Kirchdorf Valle, ein Zentrum des traditionellen Silberschmiedekunsthandwerks. Verkehrsmäßig erschlossen ist das Setesdal durch die von Kristiansand nordwärts nach Haukeligrend führende Reichsstraße 9. Sie folgt fast durchgehend dem Lauf der Otra, die auch den Byglandsfjord speist. Bis ins 19. Jahrhundert war die der Otra folgende Nord-Süd-Route mit großen Strapazen verbunden: Ein Bergriegel oberhalb des Byglandsfjords sperrte den Zugang, sodass das Setesdal vom Süden weitgehend abgeschnitten war; die Reise vom Setesdal nach Kristiansand soll damals 14 Tage gedauert haben, heute dauert sie wenige Stunden. Wegen der senkrechten Felswände, der unbewohnten Hochflächen zu beiden Seiten und des Querriegels im Süden war das Setesdal bis ins 19. Jahrhundert von der Außenwelt weitgehend abgeschnitten und bewahrte viel altes Brauchtum.
Gräberfunde an der Kirche von Valle belegen, dass dieses wunderschöne Tal ungeachtet seiner Abgeschiedenheit bereits in germanisch-wikingischer Zeit besiedelt war, und die Spuren im Finndalen, einem Nebental, reichen bis in die Steinzeit zurück. Das Hegni Museum in Hovden dokumentiert, wie in germanisch-wikingischer Zeit Eisen aus Moorpflanzen gewonnen wurde; Hovden war für diese Technik ein Zentrum. Das Vidmyr Reservat bei Hovden ist heute das größte Moornaturschutzgebiet im Setesdal.
Hauptverkehrsweg für das von der Außenwelt abgeschnittene Setesdal war bis ins 19. Jahrhundert der west-ost-gerichtete Skinnvegen. Auf diesem »Pelzweg« transportierten die Bauern Pelze und Felle nach Stavanger, um ihre Steuern zu bezahlen; ostwärts führte der Pelzweg in das Fyresdal und weiter nach Telemark. Eine Nebenlinie des Pelzwegs ist der von Valle ins Finndalen und nach Fyresdal führende Bispevegen, heute ein lohnender Wanderweg. Den Namen »Bischofsweg« trägt er, weil er angeblich von Bischöfen als Gebirgsübergang benutzt wurde. Ab Mitte des 19. Jahrhunderts wurden Überlegungen laut, das abgeschiedene Tal an den Süden des Landes anzubinden und zu

1 *Lindesnes ist der südlichste Punkt Norwegens. Bunte Häuserfassaden geben der Stadt einen fröhlichen Charakter.* – 2 *Leichter Morgennebel am Binnensee Byglandsfjord.* – 3 *Am Rande des Berggebiets Huldreheimen liegt der See Espedalsvatnet inmitten atemberaubender Natur.* – 4 *Der Leuchtturm am Kap Lindesnes stammt schon aus dem Jahre 1915.*

4

»zivilisieren«, wobei die Otra als Verkehrsleitlinie dienen sollte. Dem Plan einer kombinierten Eisenbahn- und Schiffsverbindung gab die Regierung schließlich den Vorzug vor einem Straßenprojekt: »Die Eisenbahn«, so hieß es in einer Denkschrift für das Innenministerium, »wird das mächtigste Instrument für Entwicklung, wirtschaftlichen Fortschritt und Zivilisation sein.«
Im Jahr 1891 tat der schwedisch-norwegische Unionskönig Oscar II. den ersten Spatenstich, 1896 eröffnete dann Staatsminister Francis Hagerup die ins- gesamt 78,4 Kilometer lange Setesdalsbahn von Kristiansand nach Byglandsfjord, von wo die Fahrt ins Setesdal mit dem Dampfschiff noch 34 Kilometer bis Ose weiterging. In den Sommermonaten befährt heute das historische Dampfschiff *D/S Bjoren* als Ausflugsschiff die einstige Hauptverkehrsstrecke von Byglandsfjord nach Ose am Nordufer des Sees.
In umgekehrter Richtung wurden das aus dem waldreichen Setesdal otra-abwärts und durch den See getriftete Holz und andere Waren in Byglandsfjord auf die Bahn verladen und via Grovane nach Kristiansand transportiert. Im Jahr 1962 musste der Betrieb der Setesdalsbahn als unrentabel eingestellt werden, aber heute verkehrt sie in den Sommermonaten wieder auf der fünf Kilometer langen Strecke von Grovane nach Beihølen als dampflokgezogener Museumszug.

1

An der Wiege des modernen Skisports

Telemark istdas Ursprungsland des modernen Skilaufs. Es erstreckt sich von der Skagerrakküste bis in die östliche Hardangervidda, Hauptstadt ist Skien. Die überwiegend bewaldete, stark zerteilte Mittelgebirgslandschaft erreicht mit 1881 Metern im mächtigen Gaustatoppen ihre höchste Erhebung, Lifjell und Blefjell sind die ausgeprägtesten Einzelgebirge. Norwegen ist das Ursprungsland des Skilaufens, das deutsche Wort »Ski« wurde direkt aus dem Norwegischen übernommen, wo es genauso ausgesprochen wird und ursprünglich »Scheit« bedeutete. Mit den 1879 erstmals veranstalteten Huseby-Wettkämpfen in Kristiania (Oslo) begann die Ära des modernen Skisports, der wesentlich geprägt wurde von Techniken aus Telemark. Die überragenden Stars der aus Langlauf und Sprunglauf bestehenden Huseby-Wettkämpfe waren die Brüder Mikkel und Torjus Hemmestveit aus Telemark. Mit dem »Telemarksprung« führten sie den bis heute als optimal geltenden Aufsprung beim Skispringen ein, der »Telemarkschwung« wurde – in Konkurrenz zum »Kristianiaschwung« – der Standard für Richtungsänderungen in der Abfahrt oder eines Bogens zum Anhalten. Als Torjus Hemmestveit mit seiner Telemarktechnik im Jahr 1881 beim Skispringen eine Weite von 23 Metern erzielte, »stand die erstaunte Menge wie verhext: Es war wie eine Vision! Man schrie und rief, man schaute umher und lachte, man konnte das Geschehene kaum fassen. Ein Jubelruf ging zum Himmel, dass die Luft erzitterte und die alten Bäume um den Huseby-Hügel herum erbebten«, berichtete die Sportzeitung »Norsk Idræts-blad«.
Die Hemmestveit-Brüder ließen sich als hochbezahlte Showstars in den USA nieder, wo sie den nordischen Skisport populär machten und den Namen »Telemark« in aller Munde brachten.
Die Bürstenfabrik Faller in Todtnau im Schwarzwald begann 1891 mit dem Import von Ski aus Norwegen, 1893 eröffnete Melchior Jakober in Glarus die erste Skifabrik Kontinentaleuropas. Der neue Trendsport – wer keine Ski hatte, benutzte in den Alpenländern Fassdauben und andere Bretter, um die Hänge hinabzurutschen – etablierte sich als wichtigste Wintersportart neben dem schon lang bekannten Schlittschuhlaufen und wurde rasch alpinen Verhältnissen angepasst: Im Jahr 1896 veröffentlichte der Österreicher Matthias Zdarsky seine »Alpine Lilienfelder Skifahr-Technik« und begründete den »alpinen« Skisport, in den er 1899 den Slalom als Wettkampfdisziplin einführte. Langlauf und Skispringen hingegen blieben die charakteristischen Disziplinen des »nordischen« Skisports. Unterdessen waren wegen der größeren Schneesicherheit die populären Huseby-Wettkämpfe auf den Hügel Holmenkollen verlegt worden (1892). Die Holmenkollen-Woche

1 *Gediegenen Luxus genießt man im Hotel »Dalen« am Telemarkkanal.* – 2 *Westlich des Setesdalen erstreckt sich die Setesdalheiene bei Hovden. In diesem weitläufigen Wandergebiet begegnen einem seltsame Natursteinformationen.* – 3 *Die überragende Ingenieurskunst des 19. Jahrhunderts hat es ermöglicht, dass mit Hilfe eines raffinierten Schleusensystems Schiffe vom Meer ins Gebirge »steigen« oder »absteigen« können.*

2

3

1

2

avancierte zu einem der bedeutendsten nordischen Skiwettkämpfe, und die mehrfach erneuerte Holmenkollen-Schanze ermöglichte immer neue Rekorde: Erreichte Arne Ustvedt beim ersten Holmenkollen-Skispringen 21,5 Meter, durchbrachen Tom Levorstad (105,0 Meter) und Ole Bremseth (108,5 Meter) im Jahr 1980 die 100-Meter-Marke.

Nach der Jahrtausendwende genügte die alte Schanze nicht mehr den Anforderun gen des modernen nordischen Skisports. 2008 begann man mit dem Abriss der ältesten Skisprungschanze der Welt und dem Neubau, auf dem 2011 die Weltmeisterschaften stattfanden.

2000 Jahre alte Ski

Dass das Skilaufen in Norwegen auf eine jahrtausendalte Tradition zurückblickt, belegt der älteste erhaltene Ski im Skimuseum an der Holmenkollen-Schanze: Er ist 2000 Jahre alt. Eine Felszeichnung auf der Insel Rødøy vor der Nordlandküste zeigt, dass in Norwegen spätestens um 3000 v. Chr. mit der Erfindung des Skis eine Grundform geschaffen wurde, die in ihren Grundzügen bis heute im wesentlichen unverändert ist.

Die Skiläufer und Skiläuferinnen von Rødøy stehen beziehungsweise tanzen auf Gleithölzern mit gebogenem Ende und halten in einer Hand einen Stab. Die Tanzposen und die Darstellung eines Elchs, zweier Wale, eines Seehunds, eines unbestimmbaren Tiers und eines Schiffs legen nahe, dass hier eine rituelle Szene dargestellt wurde. Wie andere Felsbilder belegen, wurden Ski bereits in der Jungsteinzeit auch bei der winterlichen Jagd verwendet.

Skifahren, Bergsteigen und Jagen hatten eine derartige Bedeutung, dass sie die Hauptattribute einer der wichtigsten vorgermanischen Göttinnen wurden: Die älteste namentlich bekannte Gestalt, die Ski fuhr, war die norwegische Göttin Skadi. Diese oft als »nordische Diana« apostrophierte Gestalt galt als die Göttin des schneebedeckten Gebirges, wo sie außerhalb der germanischen Welt in Jotunheim (Riesenheim) beziehungsweise im vom Krachen der Gletscher und Lawinen erfüllten Thrymheim (Lärmheim) wohnte.

Stabkirche Heddal

Stabkirchen wurden in Skandinavien während der Übergangszeit vom Heiden- zum Christentum, also im Verlauf des 12. und 13. Jahrhunderts, in großer Zahl gebaut. Ihren Namen haben sie von der besonderen Holzbauweise aus senkrecht stehenden Balken – im Gegensatz zur Blockbauweise aus liegend angeordneten Balken. Diese Kirchen entstanden zur gleichen Zeit wie die großen gotischen Kathedralen im südlicheren Europa, und dem Geschmack der Zeit folgend suchten die skandinavischen Baumeister einige deren Bauprinzipien auf ihre Holzkonstruktionen zu übertragen. So entstanden himmelwärts strebende, luftige Bauten. Die größte erhaltene Stabkirche der Welt steht in Heddal in Telemark. Wegen ihres malerischen Aussehens mit dem dreifach gestaffelten Dach und den Türmen gilt sie als schönste Stabkirche und ist die meistbesuchte. Die dreischiffige »Kathedrale« unter den Stabkirchen wurde so rekonstruiert, dass der heutige Bau im Wesentlichen dem Zustand im Vollendungsjahr 1242 entspricht.

1 *Die Bärenstatue wacht über die kleine hölzerne Kirche in Grimstad.* – 2 *Auch in Gol im Hallingdal steht ganz malerisch eine kleine weiße Kirche.* – 3 *Die größte Stabkirche der Welt findet man in Heddal in Telemark.* – 4 *Wenn man entlang der Küstenstraße 401 bei Kristiansund fährt, trifft man auf imposante Holzhaus-Anwesen wie dieses.* – 5 *Am Telemarkkanal liegt außerdem die Hauptstadt von Telemark, Skien. Sie ist der Geburtsort des Dramatikers Henrik Ibsen.*

Das wald- und seenreiche Hallingdal in Buskerud verbindet den Großraum Oslo und die Gebirge am Übergang zur Westküste. Beidseits des Tals breiten sich bekannte Wander- und Skigebiete aus.

1

2

1 *Der Telemarkkanal wurde bei der Fertigstellung im Jahr 1892 als »achtes Weltwunder« bezeichnet. Heute zählt eine nostalgische Schiffsfahrt auf dem Telemarkkanal zu den bedeutendsten Touristikattraktionen Südnorwegens.* – 2 *Wie kleine Farbtupfer liegen die Häuser von Vesterbø in Nord-Aurdal in Valdres im Tal.* – 3 *Fast schon bedrohlich wirkt der Felsüberhang der Helleren-Felswand über den kleinen Holzhäuschen.* – 4 *Der Wasserfall Reiårsfossen im Setesdal stürzt über 200 m weit hinunter.*

3

4

Vestlandet

Das Miteinander von Fjorden, Felswänden und vergletschertem Hochgebirge, von durch den Golfstrom klimatisch begünstigter Küste, fruchtbaren Tälern und einsamem Hochland prägt den westnorwegischen Landesteil Vestlandet mit Landschaften von einzigartiger Schönheit. Im Vestlandet finden sich die längsten Fjorde, die größten Gletscher und zahlreiche Nationalparks, hier stehen die meisten Stabkirchen, mehrere Welterbestätten stehen unter dem Schutz der UNESCO: die Stabkirche von Urnes an einem Ausläufer des Sognefjords und das Hanseviertel Bryggen in Bergen sowie der Geiranger- und der Nærøyfjord. Weitere bekannte Naturhöhepunkte sind die durch »Wasserfallsteige« erschlossenen höchsten Wasserfälle Nordeuropas, der Lysefjord, der Gletschernationalpark Jostedalsbreen und der Nationalpark Folgefonna sowie die Umgebung von Norwegens Westkap Stad. Alle Landschaftsformen finden sich auf engstem Raum bzw. gehen nahtlos ineinander über: Die Felskanzel Prekestolen bricht in Wänden und Überhängen 700 Meter senkrecht zum Lysefjord ab, am Ende des Fjords durchsteigen Kletterer von Meeresniveau aus die 1000 Meter hohe Felswand des Kjerag.

Der Aurlandsfjord ist ein Seitenarm des zum UNESCO-Weltnaturerbe zählenden Sognefjords.

Fjorde und Gletscher

Lysefjord – Bergen – Hardanger und Romsdal

Die Fjorde sind Zeugen der Vergletscherungen im Pleistozän vor eineinhalb Millionen bis vor 10 000 Jahren. Ursprünglich waren sie Trogtäler, durch die Gletschererosion erfuhren sie eine Übertiefung von häufig mehr als 1000 Höhenmetern, so der Sognefjord, der heute eine Tiefe von 1308 Metern unter NN erreicht. Als nach dem Abschmelzen des Eises der Meeresspiegel anstieg, »ertranken« die vom Eis ausgetieften Täler. Am Fuß einer imposanten Bergkulisse steht in den Wiesen des Lærdal, dem vom Sognefjord Richtung Fillefjell führenden Tal, die zwölfmastige Stabkirche von Borgund (um 1150) mit ihrem sechsstufigen Dach und den reich verzierten Portalen; sie ist ist die besterhaltene Stabkirche und der älteste nahezu unverändert erhaltene Holzbau Europas.

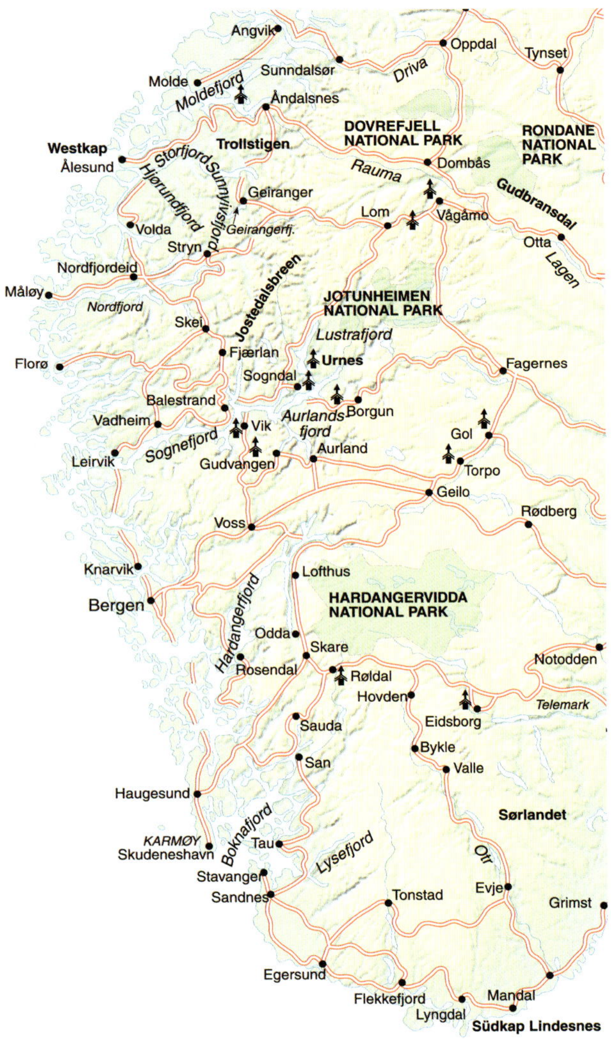

für den Verkehr zu den Ölbohrinseln vor der Küste.

Stavanger

Die Hochtechnologie-Hafenstadt Stavanger am Boknafjord ist die Hauptstadt der Provinz Rogaland und die Erdölkapitale Norwegens. Der staatliche Ölkonzern Statoil und internationale Ölfirmen haben hier ihren Sitz, der nah gelegene Flughafen von Sola ist die Drehscheibe für den Verkehr zu den Ölbohrinseln vor der Küste.

In keiner anderen Stadt Norwegens sind die Kontraste von Tradition und Moderne derart augenfällig wie in Stavanger. Monumentale Wikingerschwertskulpturen markieren am Hafrsfjord die Stätte, an der König Harald Hårfagre um das Jahr 872 die norwegischen Teilreiche einigte. Der Dom, dessen Bau um das Jahr 1125 begonnen wurde, erhebt sich als besterhaltenes steinernes Sakralbauwerk Norwegens am See Breiavatnet. In der Altstadt Gamle Stavanger, die unter Denkmalschutz steht, warten traditionelle Holzhausarchitektur und Gaslaternen, verwinkelte Kopfsteinpflasterstraßen und ein Konservenmuseum auf den Besucher. Es dokumentiert einen wichtigen Wirtschaftszweig Stavangers im 19. Jahrhundert.

Am Hafenbecken Vågen erinnert das Norwegische Auswandererzentrum an die Zeiten, als Stavanger Drehscheibe für die Emigration Hunderttausender Norweger in die USA war, und das an der Schwelle zum dritten Jahrtausend eröffnete Ölmuseum präsentiert anhand von Exponaten und Multimediashows die gefährliche Welt der Ölplattformen im Ekofiskfelt, dem größten Industriezentrum in der Nordsee.

Ungeachtet seiner kommerziellen Orientierung ist keine andere große Stadt Norwegens von einem derart abwechslungsreichen natürlichen Umfeld umgeben wie Stavanger. An den Küsten des Boknafjords mit seinen sonnigen »Tomateninseln« erstreckt sich die Landschaft Ryfylke mit Wasserfällen und atemberaubenden

1 *Das neue Ölmuseum von Stavanger lässt schon von außen erahnen, was sich im Inneren verbirgt: jede Menge Exponate, die dem Besucher näher bringen wollen, wie das Leben und Arbeiten auf einer Ölplattform aussieht.* – 2 *Die drei massigen Schwerter erinnern an die Schlacht von Hafrsfjord im Jahre 827, als König Harald Fairhair ganz Norwegen unter einer Krone vereinte.* – 3 *Die Kathedrale von Stavanger strahlt im Sonnenlicht.* – 4 *Sie wurde 1125 im englisch-romanischen Stil erbaut.*

1

2

3

4

1

Naturwundern, von denen der sagenumwobene Lysefjord mit der Felskanzel Prekestolen am bekanntesten ist; im Süden von Stavanger weitet sich die Agrarlandschaft Jæren mit Badestränden, sanft gerundenen Aussichtsbergen und den steinernen Zeugen jahrtausendealter Kultur.

Saga-Insel Karmøy

Die Insel Karmøy am äußeren Boknafjord zwischen Stavanger und Haugesund zählt zu den bekanntesten Plätzen der in Norwegen spielenden Sagas, das Städtchen Avaldsnes im Norden der Insel war einer der Altersruhesitze des rastlosen Reichssammler-Königs Harald Hårfagre. Heute ist Karmøy die dichtestbesiedelte Insel Norwegens, doch beschränken sich Bebauung und Straßen auf den Küstenbereich, wo die Städte Skudeneshavn, Kopervik und Åkrahamn liegen und sich die berühmten Sandstrände der Insel erstrecken: Mit rund 1000 Metern Länge ist Åkrasanden an der Westküste der größte. Das Innere der Insel wird hingegen von einem urtümlichen Heidehochland mit Mooren und zahlreichen Seen eingenommen. Mehrere markierte Pfade führen durch dieses baumlose Hochland, das im Sålefjell in nur 132 Metern Höhe gipfelt und hervorragende Panoramen der Inselwelt des Boknafjords und der dahinter aufragenden Ryfylkeberge gewährt.
Als Saga-Insel und wikingischer Königssitz ist Karmøy auch ein Spielplatz für kleine und große Wikinger der Gegenwart. Alljährlich im Sommer ist die alte Königsresidenz von Harald Hårfagre in Avaldsnes Schauplatz eines Wikingerfestivals mit Aufführungen, Schaukämpfen, Umzügen und Gelagen unter freiem Himmel. Das rekonstruierte Langhaus von Bukkøy gewährt Einblick in den Alltag der Wikinger. Dass das Gebiet schon lange Zeit vor Harald Hårfagre kultisch genutzt wurde, belegen bei Avaldsnes die sechs bis zu 7,5 Meter hohen und bis zu 30 Meter langen eisenzeitlichen Hünengräber »Rehaugene« von Bø. Nur drei Kilometer von diesem Platz entfernt überspannt die 690 Meter lange Karmsundbrücke die verkehrsreichste Schiffsroute Norwegens; auf ihr ist Haugesund erreichbar, und am haugesundseitigen Ende findet sich eines der bedeutendsten Bautasteinmonumente Norwegens: »De fem dårlige Jomfruer«, die fünf törichten Jungfrauen, sind menhirartig aufragende Langsteine, die als Rest einer vorgeschichtlichen Kalenderwarte interpretiert werden.
Ebenso wie Molde ist die von der Offshore-Industrie geprägte Hafenstadt Haugesund alljährlich Schauplatz eines Jazzfestivals, des im August veranstalteten Silda Jazz Festival. Im August wird hier zudem das Norwegische Filmfestival veranstaltet, der dann vergebene Amandapreis gilt als Oscar des Nordens.

Kloster Utstein

An der Nordspitze der Insel Mosterøy im Boknafjord steht Norwegens besterhaltenes Kloster. Das um 1270 gegründete und mit Augustinern besetzte ehemalige Utstein Kloster, das heute als Konferenz- und Seminarzentrum genutzt wird, ist von Stavanger aus in einem kurzen Abstecher von der Europastraße 39 zu erreichen: eine trotz aller späteren Veränderungen noch immer mittelalterlich wirkende Abtei am Meer mit einem traumhaften Panorama. Die Mönche zogen auf dieser klimatisch begünstigten Insel Tomaten und andere eher in südlicheren Gefilden beheimatete Früchte, und der Anbau verbreitete sich rasch auf die Nachbarinseln. Die auffälligsten Gebäude auf diesen »Tomateninseln« sind heute denn auch die Gewächshäuser. Zu besichtigen ist die Abtei Utstein weiterhin, sonntags werden außerdem evangelische Gottesdienste veranstaltet: Dazu erklingen in den alten Gemäuern Jazztöne, Folk- oder Kammermusik.

Geheimnisvoller Lysefjord

Der Lysefjord zu den überwältigendsten Naturattraktionen Norwegens. Ob zu Fuß, auf dem Wasser oder kletternd – seine Faszination erschließt sich auf vielerlei Art, nur die automobile Fortbewegung ist wegen der Steilheit und Wildheit des Geländes stark eingeschränkt. Vier Stunden mindestens sind für die Hin- und

1 *Die imposante zwölfmastige Stabkirche von Borgund wurde um 1150 erbaut. Sie ist damit eines der ältesten Holzgebäude Europas.* – 2 *In Ryfylke zaubert die Lupinenpracht bunte Farben in die Landschaft.*

Rückwanderung zum Prekestolen zu veranschlagen – jener spektakulären Felskanzel, die rund 600 senkrechte Meter über dem Fjord in den Himmel ragt.
Die fantastische Naturszenerie am Lysefjord war schon im 19. Jahrhundert wohlbekannt, ubnd das keineswegs nur in Norwegen. Als einer der Ersten hat Victor Hugo in seinem 1866 erschienenen Roman »Die Arbeiter des Meeres« die »furchtbare« Schönheit dieses sagenumwobenen Fjords beschrieben:
»Nirgendwo scheinen diese panischen Mächte kräftiger verschmolzen als in dem wunderlichen nordeuropäischen Sund, der

Lysefjord heißt. Der Lysefjord ist der furchtbarste Klippendurchgang des Ozeans. Norwegische See, nicht weit vom rauen Stavanger-Golf, neunundfünfzigster Breitengrad. Das Wasser ist schwer und schwarz und wird von Unwettern durchfiebert. In diesem Wasser, inmitten dieser Einsamkeit, gibt es eine große, düstere Straße … Ein Korridor von zehn Meilen Länge zwischen zwei dreitausend Fuß hohen Mauern, das ist der Durchgang, der sich darbietet. Dieser Sund hat seine Krümmungen und Winkel wie alle Meeresstraßen, nie gerade, weil sie von der Drehung der Flut geschaffen sind.«

Bebendes Wasser, donnernder Fels

Die Felskanzel Prekestolen war zu Victor Hugos Zeiten noch unbekannt. Erst im Jahr 1901 wurde sie vom Deck eines Schiffs aus touristisch entdeckt. Neben dem Prekestolen hat sich in den vergangenen Jahren das fast 1000 Meter senkrecht zum Fjord abstürzende Kjeragmassiv mit dem berühmten Kjeragbolten, einem Klemmblock, zur zweiten bergtouristischen Attraktion am Lysefjord entwickelt. Seit Eröffnung der serpentinenreichen Passstraße von Lysebotn ins Setesdal ist das Kjeragmassiv nicht mehr überwiegend eine Domäne für Kletterer, sondern ist von der Passstraße aus auch von Wanderern im Rahmen einer vier- bis fünfstündigen Tour einschließlich Rückweg erreichbar und wird zudem von Sportlern aufgesucht, die hier in der Gefahr einen »Kick« suchen: Allein im Sommer des Jahres 1999 zerschellten innerhalb von fünf Wochen zwei junge Fallschirmspringer auf den Granitfelsen.
Anders als die Felskanzel Prekestolen scheinen die Wände des Kjerag am inneren Ende des »leuchtenden« Lysefjords schon zu Victor Hugos Zeiten bekannt gewesen zu sein: »Hin und wieder bebt das Wasser«, schreibt der Dichter und fährt fort: »In bestimmten Augenblicken, ohne dass eine Wolke am Himmel auszumachen wäre, etwa in der Mitte der lotrechten Felswand, auf tausend oder fünfzehnhundert Fuß über den Wogen, häufiger auf der Süd- als auf der Nordseite, donnert plötzlich der Fels, ein Blitz zuckt hervor, der Blitz schwingt sich vorwärts, zieht sich dann wieder zurück … Die Vogelschwärme fliehen. Nichts Geheimnisvolleres als diese Artillerie, die aus dem Unsichtbaren hervorbricht. Ein Fels greift den anderen an. Die Klippen bombardieren sich mit Blitzen.«
Das »Bombardement« lässt sich naturwissenschaftlich erklären als Steinschlag infolge von Frostsprengung und Erosion durch fließendes Wasser. Es kracht und knallt, und wenn Felsblöcke die Wand weiter unten treffen, können Funken kräftige Lichtschimmer in die Dunkelheit aussenden. Die hinabstürzenden Felsblöcke tauchen nach einem freien Fall von mehreren hundert Metern nicht mit einem Platschen in den Fjord ein, sondern mit einem scharfen, ohrenbetäubenden Knall, der an Artilleriegefechte erinnert und von den Felswänden in einem vielstimmigen Echo wiederholt wird.

Bergen – Kulturstadt am Fuß der Berge

Bergen ist das Wirtschafts- und Kulturzentrum Westnorwegens und mit 260 000 Einwohnern die zweitgrößte Stadt des Landes nach Oslo, die »Bryggen« (Brücken), der historische Hansehafen am Naturhafen Vågen, stehen als Weltkulturerbe unter dem Schutz der UNESCO, der Marktplatz »Torget« am historischen Hansehafen ist der farbenprächtigste und berühmteste Fischmarkt Skandinaviens. Der durch einen Inselgürtel vor der offenen See geschützte, von sieben Bergen überragte Platz am Byjord ist geradezu prädestiniert für die Anlage eines Hafens, doch die wenigen Landwege endeten schon an der Hardangervidda und am Hardangerjøkulen-Gletscher. Dementsprechend lag das Reich Bergens auf dem Wasser, über die Schiffsrouten stand Ber-

1 *Mit seinen bis zu 1000 Meter aus der See ragenden , von Wasserfällen durchtosten Felswänden zählt der 37 Kilometer lange Lysefjord östlich von Stavanger zu den herausragenden Naturattraktionen Norwegens.* – 2 *Der Prekestolen ist die wohl spektakulärste Felskanzel Norwegens und daher bei Wanderern sehr beliebt.* – 3 *Nur Schwindelfreie erreichen den Kjerag-Klemmblock über dem Lysefjord.*

2

3

2

FANA SPAREBANK
BRILLER-KONTAKTLINSER
LOUISIANA
LOUISIANA
BRILLER
Specsavers

gen in jahrhundertelangem wirtschaftlichem und kulturellem Austausch insbesondere mit Großbritannien und Deutschland, und bis zur Eröffnung der Eisenbahnlinie Oslo – Bergen 1909 war London von Bergen aus rascher erreichbar als Norwegens Hauptstadt.
Der aussichtsreiche Fløyen bietet einen spektakulären Tiefblick auf Bergen mit den umgebenden Schären, Inseln und Fjorden sowie den Gebirgen des Hinterlandes. Nur 150 Meter entfernt vom Fischmarkt und dem Hanseviertel Bryggen befindet sich die Talstation der Fløibahn, einer Standseilbahn, die im Sommerhalbjahr von morgens bis mitternachts in fünf Minuten zur 320 Meter hoch gelegenen Bergstation fährt. Am dortigen Panoramarestaurant strahlen Wanderwege aller Schwierigkeitsgrade zu den umliegenden Bergen aus. Der aussichtsreiche Ulriken ist der höchste der sieben Berge, die Stadthymne trägt den Untertitel »Aussichten vom Ulriken«, eine der ersten Fußwanderungen unternahm 1853 Theaterdirektor Henrik Ibsen.
Alljährlich im Frühjahr sind die sieben Berge Ende Mai Schauplatz einer harten Strong-Walking-Tour: Der Syvfjellsturen (Seven-Mountains-Walk) über die sieben Gipfel muss an einem einzigen Tag absolviert werden. Weniger gut konditionierte Wanderer veranschlagen allein für die Höhenwanderung vom Ulriken zum Fløyen vier Stunden, aber auch Spaziergänger kommen auf ihre Kosten: Von den beiden genannten Bergen führen aussichtsreiche Wege zurück in die Stadt.
Um das Jahr 1070 gründete der wikingische Ynglinge-König Olav III. Kyrre an der Siedlung Bjørgvin (»Bergweide«) eine Handelsstadt und ver- legte dann wenig später den Vestland-Bischofssitz hierher; unter dem alten Namen Bjørgvin besteht das (evangelisch-lutherische) Bistum bis heute. Olav III. wurde Kyrre (»der Stille«) genannt, weil während seiner Herrschaft nicht Schlachtenlärm vorherrschte, sondern »stiller« Frieden dem Land Segen und Wohlstand brachte.
In Olav Kyrres Saga heißt es: »In König Olavs Zeiten wuchsen stark die Handelsstädte in Norwegen, und einige wurden damals gegründet. König Olav gründete die Handelsstadt Bjørgvin. Dort ließen sich bald viele reiche Leute nieder, und Kaufleute aus anderen Ländern segelten dorthin.«
Die neue Stadt wurde rasch Drehschreibe des Handels mit den Britischen Inseln, den Orkney- und Shetlandinseln, den Färöern und Island. Unter Håkon IV., dem Alten, löste Bergen im Jahr 1217 Trondheim als Residenzstadt Norwegens ab. Die hochmittelalterliche Hauptstadt wies neben der steinernen Kathedrale 20 Kirchen und Kapellen und fünf Klöster auf sowie als königliche Residenz die Festung Bergenhus, deren Prunkstück die gotische Håkonshalle ist. Im Jahr 1261 wurde diese heute als Museum und Konzertsaal genutzte Festhalle mit der Hochzeit des Kronprinzen Magnus VI. Lagabøter und der dänischen Prinzessin Ingeborg eingeweiht. Mehr als 1000 Gäste nahmen an der dreitägigen Feier teil. Vom regen Leben in der mittelalterlichen Stadt zeugen mehr als 500 Runeninschriften des 13. und 14. Jahrhunderts: Liebesbriefe, Lieferscheine und Zauberformeln, Warenetiketten, Rechnungen und Gebete.
Das Spätmittelalter sah Bergen als nördlichstes Zentrum der Hanse. Durch die Gewährung von Handelsprivilegien an

3

4

5

1 *Vom Berg Fløyen aus hat man einen herrlichen Panoramablick auf ganz Bergen.* – 2 *Seinem berühmten Sohn, dem Dichter Ludvig Holberg, hat Bergen inmitten der Stadt ein Denkmal gesetzt.* – 3 *Und auch an die tapferen Seemännern der Stadt wird mit dem Seemannsdenkmal erinnert.* – 4 *Auf dem farbenfrohen Fischmarkt in Bergen gibt es allerlei Interessantes zu sehen und erstehen.* – 5 *Trotz des berüchtigten Bergener Nieselregens scheint hier auch einmal schön die Sonne – man genießt's!*

diesen deutschen Kaufmannsverbund stieß König Håkon IV. eine Entwicklung an, die zur Abkopplung Bergens von Norwegen führte. 1299 wurde Oslo anstelle Bergens norwegische Hauptstadt, und die von Deutschen dominierte Hanse avancierte in Bergen zur alleinigen Wirtschafts- und Ordnungsmacht – eine Tendenz, die sich nach dem Aussterben der Ynglinge-Dynastie (1319) verstärkte.
Im Jahr 1343 wird das Hansekontor in Bergen erstmals erwähnt. Das aus hansischer Sicht wichtigste Produkt der norwegischen Westküste war der Schellfisch (Dorsch). Er wurde in Bergen getrocknet und von der Hanse als »Bergerfisch« fast überall in Europa vermarktet. Die Fischkonservierung hatte wiederum eine große Nachfrage nach Salz zur Folge, und dieses Salz wurde von der Hanse ebenso nach Bergen geliefert wie Getreide, Wein und Bier, während aus Bergen außer Fischprodukten norwegische Textilien, Schwerter, Panzer und andere Rüstungsgüter sowie generell Erzeugnisse der Metallverarbeitung exportiert wurden. Um 1400 gab es in Bergen circa 300 von Deutschen bewohnte Häuser. Die Hanse kontrollierte den gesamten Handel an der Westküste. Das Viertel Tyskebryggen (deutsche Brücken) war militärisch befestigt. Im Jahr 1559 schränkte der dänische Statthalter in Norwegen Erik Rosenkrantz die Privilegien der Hanse in Bergen drastisch ein. Um zu demonstrieren, wer nun die Macht in Bergen ausübte, ließ er die Festung Bergenhus zu einem Renaissanceschloss umbauen und erweitern und den Wehr- und Gefängnisturm Rosenkranztårnet errichten.

Nach der Brandkatastrophe im Jahr 1702 lag das Deutschenviertel Tyskebryggen in Schutt und Asche. Der wieder aufgebaute Finnegård direkt am Torget beherbergt heute das Hanseatisk Museum, das mit einer eindrucksvollen Fülle an Exponaten die Hansezeit vor Augen führt.

Künstler in Bergen

Zu den berühmtesten Söhnen Bergens zählen der Violinist Ole Bull (1810–80) und der Komponist Edvard Grieg (1843–1907). Auf diese beiden Musiker geht die Tradition Bergens als Festspielstadt zurück. Durch Tourneen in Festlandeuropa und Amerika steinreich geworden, gründete Ole Bull, »der Paganini des Nordens«, im Jahr 1850 in Bergen Den Nationale Scene, das erste bedeutende Theater Norwegens. Als Theaterdichter und Dramaturg wurde 1851 Henrik Ibsen verpflichtet, der die Jahre in Bergen als seine »Lehrjahre« empfand. Mit »Das Fest auf Solhaug«, uraufgeführt am 2. Januar 1856 an Den Nationale Scene, gelang Ibsen der Durchbruch als Bühnenautor.
Als Ibsen im Sommer 1857 die Leitung des Christiania-Theaters übernahm, wurde Bjørn-stjerne Bjørnson die prägende Gestalt des Bergenser Nationaltheaters, das unter seiner Leitung eine Blütezeit erlebte. 1909 wurde das Nationaltheater im Beisein des Königs im neuen Gebäude feierlich eröffnet. Die unter der Schirmherrschaft des Königs stehenden Internationale Festspillene i Bergen erlebten 2000 einen Besucherzustrom wie nie zuvor.

Hardanger – Kirschblüten, Fjorde, Vidda

Die abwechslungsreiche Großlandschaft Hardanger erstreckt sich vom 120 Kilometer langen Hardangerfjord bis zum Nationalpark Hardangervidda auf der von 20 000 Rentieren belebten größten Hochfläche Europas, von der sonnigen Folgefonn-Halbinsel mit dem drittgrößten Gletscher Skandinaviens bis zum Hardangerjøkulen-Gletscher, wo Finse an der Bergenbahn als »Hauptstadt des Schnees« das bedeutendste Wintersportzentrum bildet, von der heiligen Insel Tysnesøya bis zur Stabkirche von Røldal, von den Obstbaumkulturen an den sonnigen Ufern des Fjords bis zur ungebändigten Gewalt des Låtefossen, Valurfossen, Skyggjedalsfossen und anderer Wasserfälle.
Der Sørfjord als östlichster Ausläufer des Hardangerfjords trennt die Hardanger-

1 *Wer sehen möchte, wie Edvard Grieg lebte, geht ins Landhaus Troldhaugen. Hier das Wohnzimmer des Komponisten.* – 2 *Der Kaufmannshof »Finnegård« in Bergen beherbergt das Hanseatisk Museum mit Objekten aus der Zeit der Hanse.* – 3 und 4 *Das im Bryggen-Viertel gelegene Museum zeugt von der Zeit, als Bergen eine der vier ganzjährigen Hanseniederlasungen war, neben Brügge, London und Nowgorod.* – 5 *Selbst die Touristeninformation ist in dieser Stadt ein Highlight:. Prächtig unter Säulen ist sie untergebracht.*

2

3

4

5

1

2

vidda, eines der bedeutendsten Trekking- und Wandergebiete Norwegens, von der vergletscherten Folgefonn-Halbinsel, die einen Reichtum an landschaftlichen Kontrasten vereinigt wie kaum ein anderes Gebiet: Fjell, Gletscher und Meer, Kare und fruchtbare Täler mit artenreichen Laubwäldern, Bergbäche und Flüsse mit reichen Forellen- und Lachsbeständen; die Parkanlagen beim Renaissanceschloss der Rosendal Baronie verdeutlichen, welch gesegnetes Sonnenklima im Westen der Halbinsel herrscht. Als Wander-, Skitouren-, Gletscherwander-, Bade-, Sonnenbade-, Mountainbiking- und Angelparadies bietet die Folgefonn-Halbinsel nahezu ganzjährig fast unbeschränkte Möglichkeiten. Besiedelt ist dieses wunderschöne Gebiet seit der letzten Eiszeit, die vor etwa 10 000 Jahren endete. Überaus zahlreich sind Felszeichnungen, Grabhügel und andere vorgeschichtliche Spuren vor allem seit der Bronzezeit. Ab den 1850er-Jahren wurden die Folgefonna und ihre malerischen Gletscherfälle von britischen und deutschen Touristen entdeckt, die sich von Odda aus von Gletscherführern über das Eis bringen ließen. Einen bedeutenden Aufschwung nahm dieser Tourismus vor circa 100 Jahren infolge der plakativen »Nordlandfahrten« des deutschen Kaisers Wilhelm II., über die in der Presse ausführlich berichtet wurde. In den 1890er-Jahren stellte der Deutsche Nordlandverein (Hamburg) die Geldmittel bereit, um einen Reitweg vom Tal der Bondhuselva zur Breidablikk genannten Aussichtsstelle am Fuß einer Gletscherzunge im Nordwesten der Folgefonna anlegen zu lassen; dieser Weg existiert unter dem Namen »Keiservegen« (Kaiserweg) bis heute und ermöglicht einen der landschaftlich beeindruckendsten Aufstiege zur Folgefonna. Dank der Hochlage des Eisfelds bietet sich ein einzigartiges Panorama, das die Hardangervidda mit dem markanten Hårteigen im Osten ebenso umfasst wie Hallingskarvet und Hardangerjøkulen im Nordosten sowie die vielgestaltige Inselwelt im Westen. Am Nordrand des Gletschers liegt auf dem Gebiet der Gemeinde Jondal das Folgefonna-Sommerskizentrum.

Die zu gut einem Drittel als Nationalpark unter Schutz stehende Hardangervidda ist mit mehr als 9000 Quadratkilometer die größte Hochfläche Europas und eines der attraktivsten Trekking- und Wandergebiete Norwegens. Mit einem Rentierbestand von 20 000 Tieren ist sie zugleich ein bedeutendes Jagdrevier. Sie erhebt sich auf der Grenze von West- und Ostnorwegen und erstreckt sich vom Hardangerfjordsystem bis zur Telemark, was ihren landschaftlichen Abwechslungsreichtum erklärt: Im Westen stürzt sie in einer fast 1000 Meter hohen, von Wasserfällen durchtosten Steilstufe zum Sørfjord hinab, nach Osten hingegen dacht sie vergleichsweise sanft in die Täler des Østlandet ab. Höchster Gipfel ist die restvergletscherte Sandfloeggi (1719 Meter), bekanntester Berg ist der sagenumwobene Felskoloss Hårteigen (1690 Meter), der »graue Wegweiser« der Vidda.

Die Bezeichnung *vidda* verweist auf ein Plateau mit Mooren, Seen, Heidevegetation und glazial gerundeten Kuppen. Dies trifft vor allem für den von fruchtbaren Tälern durchzogenen Mittel- und Ostteil zu. Im Südwesten hingegen, wo sich zwischen restvergletscherten Bergen die höchsten Gipfel erheben, ist das Gelände wild zerklüftet. Den Nationalpark säumen Stauseen und Kraftwerke, der Energiegewinnung fielen einige der schönsten Almtäler zum Opfer, so bei Røldal das Valldal, dessen grüne Fluren und prachtvollen Höfe in einem Stausee versanken. Einige der Stauseen dienen heute als Schiffsrouten, auf denen Taxiboote und Ausflugsdampfer die Anmarschwege zum Nationalpark verkürzen, so im Norden der Stausee Halnefjorden und im Südosten der Stausee Møsvatn.

Wer die Grenzen des Nationalparks auf dem Netz gut markierter Routen überschreitet und zu einer der bewirtschafteten oder Selbstversorgungshütten wan-

3

dert, tritt in ein Paradies mit reichem Pflanzen- und Vogelleben. Wegen der Hochlage der Hard-angervidda halten sich hier allerdings bis weit in den kalendarischen Sommer hinein Eis und Schnee: Während am Sørfjord am sonnigen Westfuß der Vidda Ende Mai die Obstblüte beginnt, sind die Routen oben auf der Vidda noch unpassierbar. Bis in den Juni und gebietsweise bis in den Juli sorgt die gefährliche Schneeschmelze dafür, dass kaum ein Mensch die Vidda durchstreift. Dann ist die Vidda das Reich der Rentiere und der Polarfüchse und des sich langsam entfaltenden Pflanzenlebens.

1 *Am Hardangerfjord gibt es die einsamsten und gleichzeitig idyllischsten Häuser inmitten prächtiger Natur.* – 2 *Der berühmte und imposante Laatefossen ist einer der größten Wasserfälle ganz Norwegens.* – 3 *Ein junger Polarfuchs im dunkleren Sommerfell streift durch die Wildnis.*

Die Rentiere auf der Hardangervidda wurden erst 1783 ausgewildert. Bis in die 1920er-Jahre hatten die Jäger den Bestand derart dezimiert, dass sich die Behören 1930 veranlasst sahen, ein neues Jagdgesetz zu erlassen, das Rentierruhezonen auswies. Seither hat sich der Rentierstamm auf der Vidda stetig vermehrt. Der 1930 unter Schutz gestellte Polarfuchs zählt trotz Abschussverbot weiterhin zu den vom Aussterben bedrohten Tierarten auf der Hardangervidda, wo er als rein weißer Weißfuchs und als blaugrauer Blaufuchs auftritt.

Von den zahlreichen Pflanzenoasen der Hardangervidda ist Litlos mit der gleichnamigen Bergherberge die bekannteste. Das nach einer siebenstündigen Bergwanderung erreichbare Litlos ist zugleich Zwischenstation der Wanderung zum Hårteigen, der berühmten »Sphinx der Hardangervidda«.
Der sagenumwobene Hårteigen ist der markanteste Berggipfel der Hardangervidda. Wandartig steil erhebt sich der graue Granitkoloss auf der westlichen Vidda, die umgebende Hochfläche um mehrere hundert Meter überragend. Von allen Himmelsrichtungen führen Pfade zu diesem »grauen Wegweiser«, der auf großen Teilen der Vidda sichtbar ist.

Storfjord und Geiranger

Die Namen Geiranger und Storfjord wecken je nach Interesse Vorstellungen von Kreuzfahrtschiffen und Wohnmobilschlangen oder von stillen Bergfahrten in einer grandiosen Urnatur. Der Geirangerfjord mit seinen berühmten Wasserfällen zieht von Frühjahr bis Herbst Zehntausende an. Die »Adlerstraße« Ørneveien zwischen dem Geirangerfjord und dem weiter nördlich gelegenen Norddalsfjord gilt mit ihren Serpentinen und Panoramen als eine der atemberaubendsten Bergstraßen Skandinaviens. Abseits dieser Touristenmagneten liegt eines der prachtvollsten Bergwandergebiete des Nordens. Im Sommer werden täglich Schiffsrundfahrten auf dem Geirangerfjord angeboten, doch lässt sich die Großartigkeit dieser Landschaft auch an mehreren Punkten erleben, die alle im Rahmen mehr oder weniger kurzer Ausflüge von den Straßen aus erreichbar sind. Der bekannteste dieser Plätze ist das Flydalshornet, 1112 senkrechte Meter über dem Fjord. Dort entstehen die berühmten Geirangerfjord-Schwebefotos, ein in der Touristikwerbung häufig benutzes Motiv. Auf einem berühmten Mautweg, dem Nibbeveien, ist die 1476 Meter hohe Dalsnibba wenige Kilometer weiter südlich erreichbar – einer der hervorragenden Panoramaberge der Westküste. Ähnlich spektakulär wie das Flydalshornet ist die in einer 500-Meter-Wand zum Geirangerfjord abbrechende Felskanzel Prekestolen westlich von Geiranger; wer von der Kanzel ein Stück weitergeht, sieht sich vis-à-vis der »Sieben Schwestern«, dem berühmtesten Wasserfall am Geirangerfjord. Eine andere Wasserfallattraktion liegt 45 Gehminuten östlich von Geiranger: Am 30 Meter hohen Storseterfossen im Vesteråsdalen kann man hinter den tosenden Wassermassen hindurchgehen.
Wer Zeit und Lust für weiterführende Touren abseits der Straßen mitbringt, findet in den Sunnmørs-Alpen westlich des Geirangergebiets ein Paradies. Der Hjørundfjord, ein Arm des Storfjords, schneidet tief in dieses alpine Berggebiet ein und teilt es in zwei Halbinseln: im Osten die Rånahalvøya mit restvergletscherten Gipfeln bis zu über 1630 Meter Höhe, im Westen die Kolåshalvøya mit dem 1542 Meter hohen Skårasalen als höchster Erhebung. Das Tal Hornindalen und der See Hornindalsvatnet – mit 604 Metern Tiefe Europas tiefster Binnensee – markieren im Süden die Grenze zum Binnenland.

Der Romsdalsfjord und seine Felsen

Die Landschaft Romsdal umfasst die Küsten, Inseln und Fjorde sowie die als »Romsdalsalpen« bezeichneten Bergwan-

1 *Wilde Rentiere fühlen sich in der rauen Natur Norwegens pudelwohl.* – 2 *Nicht nur die Huritgruten durchfahren täglich den Geirangerfjord. Der vielleicht berühmteste aller Fjorde ist immer wieder Ziel von Kreutfahrtschiffen aus aller Welt.* – 3 *Weniger komfortabel, aber dafür umso abenteuerlicher erlebt man den Fjord bei einer Fahrt mit einem den Drachenbooten nachempfundenen »Wikingerboot«.*

2

3

der- und Klettergebiete im Zentrum der Provinz Møre og Romsdal. Hauptort ist die Rosenstadt Molde mit dem 222-Gipfel-Panorama Varden am Moldefjord und dem Romsdalsmuseum, einem der größten Freilichtmuseen Norwegens. Bekannteste Landmarke des Berggebiets über dem namengebenden Tal ist die Gipfelgruppe Trolltindane mit der 1000 Meter hohen Felswand Trollveggen bei der Hafenstadt Åndalsnes. Die nationale Ferienstraße Geiranger-Trollstigen, die bei Åndalsnes das Romsdalen verlässt und sich in Serpentinen bis auf 870 m hinaufschraubt, zählt zu den berühmtesten Passstraßen Skandinaviens. An der offenen Seestrecke Hustadvika – einer der gefürchtetsten Schiffspassagen Europas – verläuft die spektakuläre Küstenstraße Atlanterhavsvegen.

Benannt ist die Landschaft nach dem Fluss Rauma, der im See Lesjaskogsvatnet zwischen den Nationalparks Dovrefjell und Reinheimen entspringt, in der Hafenstadt Åndalsnes in den Romsdalsfjord mündet und sich als »ertrunkenes Tal« unter Wasser fortsetzt, ehe er sich nahe der Insel Tautra mit dem Moldefjord vereinigt. Die Europastraße 136 und die Raumabahn führen durch das beeindruckende Tal, ein Wahrzeichen ist die 59 Meter hohe Eisenbahnbrücke Kylling bro beim Verma-Wendetunnel nahe des Wasserfalls Slettafossen.

Eikesdalen

Das Eikesdalen durchschneidet auf rund 44 Kilometern Länge die Berge zwischen Romsdalen und Sunndalen und endet am Stausee Aursjøen. Früher war der obere Mardalsfossen im Eikesdalen mit einer Fallhöhe von 297 Metern der höchste Wasserfall Europas; er setzte sich im unteren Mardalsfossen mit einer Fallhöhe von 220 Metern fort. Während der Schneeschmelze und nach starken Regengüssen erweckte es regelmäßig den Anschein, als tose hier ein einziger Wasserfall mehr als 500 Meter durch die Bergflanke. Doch seit dem Bau einer Staumauer ist diese Naturgewalt nur noch in der Sommerhauptsaison zu erleben. Der Aursjøvegen zählt zu den spektakulärsten Bergstraßen Norwegens. Vom Sunndalsfjord führt die 121 Kilometer lange Rundstrecke hinauf zum Pass am Stausee Aursjøen am Rand des Nationalparks Dovrefjell-Sunndalsfjella und senkt sich dann zum See Eikesdalsvatnet mit seinem Wasserfall Mardalsfossen, ehe sie am Eresfjord wieder die Fjordwelt von Nordmøres erreicht.
Die Berge beidseits des Eikesdalen ragen bis zu 1800 Meter in den Himmel, »manche sind weiß, manche sind blau, mit zerklüfteten, aufregenden Gipfeln«. Mit diesen Worten schilderte sie der norwegische Literaturnobelpreisträger Bjørnstjerne Bjørnson, der ganz in der Nähe am Eresfjord seine Kindheit erlebte.
Der Pfarrerssohn Bjørnson wuchs bei Nesset auf einem Pfarrhof auf, der als einer der landschaftlich am schönsten gelegenen in ganz Norwegen gilt. Als Fünfjähriger kam er hierher und lernte das harte und entbehrungsreiche Bauernleben kennen, das für seine Novellen prägend wurde. Die Kinder des Pfarrhofknechts wurden zu seinen Spielkameraden, und weil dem Vater ein Hauslehrer zu teuer war, besuchte Bjørnson gemeinsam mit den anderen Kindern des Sprengels die Dorfschule.
»Frühzeitig, allzu früh, machte ich Bekanntschaft mit allen möglichen Verhältnissen«, schrieb er, rückblickend über seine Jahre am Romsdalsfjord: »Meine Naivität beruhte darauf, dass ich von allen gut dachte. Ein Botenjunge stahl, aber ich glaubte an ihn und hatte ihn gern. Und die Mädchen, die Kinder bekamen – ja, ich hatte sie gern, ich kannte sie ja so gut – ihre Tüchtigkeit, ihre Hoffnungen im Leben.«

Molde

Die Hafenstadt Molde ist die Hauptstadt des Fylke Møre og Romsdal und mit 23 000 Einwohnern die größte Stadt am Romsdalsfjord. Die geschützte Lage am Nordrand des Fjords und der warme Golfstrom schaffen hier ein Klima, das selbst wärmeliebender Laubholzarten wie Linde, Esche, Ahorn und Blutbuche das Überleben erlaubt. Dieser für 62 Grad nördlicher Breite erstaunliche Artenreich-

1 *Wie auf der Flucht verlassen wirken die Fischerboote in der gespenstischen Gegend bei Geiranger.* – 2 *Der Panoramaberg Dalsnibba (1476 Meter) bietet einen fantastischen Blick auf die Bergwelt von Sunmøre.* – 3 *Eine steile Straße führt halsbrecherisch durch das Urstromtal Eikesdalen.*

2

3

tum hat Molde den Namen »rosenes by« eingetragen. Neben dem erfolgreichen Jazzfestival hat sich in den letzten Jahren auch das Anfang Juli veranstaltete Bjørnson-Festival etabliert: ein Literaturfestival mit Autorenlesungen, Theateraufführungen und Konzerten.
Wer Molde besucht, sollte auf zwei Ausflüge nicht verzichten. Der erste führt auf den 407 Meter hohen Varden, der ein grandioses Panorama der Stadt, des Romsdalsfjords und seiner Arme sowie der Gipfel der bis weit in den Sommer

hinein von Schnee bedeckten Sunnmørs-Alpen gewährt. Das zweite Ausflugsziel liegt weiter nördlich: Es ist die Trollkirche, eine Gruppe aus drei von Bächen durchflossenenn Kalkgrotten, in denen aus 14 Metern Höhe Wasserfälle in weiße Marmorbecken rauschen.

Alpine Gipfelwelten in Sunnmøre

Die Region Sunnmøre im äußersten Westen ist ein landschaftlich großartiges Insel-, Fjord-, Bergwander- und Klettergebiet. Der Geirangerfjord steht als Weltkulturerbe unter dem Schutz der UNESCO, die nationale Ferienstraße Geiranger-Trollstigen ist die berühmteste Passstraße Skandinaviens mit Ausgangspunkten zu Wanderungen in das alpine Berggebiet Tafjordfjella, das den westlichen Teil des Nationalparks Reinheimen bildet, gehört zu den meistbesuchten Outdoor-Gebieten Norwegens, während Ornithologen weltweit von der Papageitaucher-Insel Runde im Sørøyane-Archipel schwärmen. Die Gipfel der Sunnmørsalpen steigen bis zu 1700 m den Fjorden auf, winters wie sommers zählen insbesondere die halbinselartigen Bergregionen zu beiden Seiten des Hjørundfjords.
Der Slogen in den Sunnmørsalpen ist einer der beliebtesten Gipfel Norwegens. In pyramidaler Dreiecksform ragt er fast senkrecht 1564 Meter aus dem Norangsfjord auf, wo sich am Fjordende das hochpreisige Basislager »Hotel Union Øye« befindet. Kaiser Wilhelm II., Königin Beatrix, Arthur Conan Doyle, Tania Blixen, König Haakon VII., Königin Maud und viele andere sind seit dem Jahr 1881 in dieser Perle unter den norwegischen Berghotels abgestiegen.
Die Hauptstadt von Sunnmøre ist die Jugendstilstadt Ålesund, deren Hausberg Aksla wegen der bequemen Straßenzufahrt als der wohl meistbesuchte Panoramaberg Mittelnorwegens bezeichnet werden kann. Auf der Aksla erhebt sich eine Bronzestatue des Schriftstellers Kristofer Randers (1851–1917), der den Charakter Sunnmøres als eine Vereinigung der spektakulären Nordland-Küstenlandschaft mit den Gipfeln des Nationalparks Jotunheimen verglich: »Sunnmøre ist ein nach Süden verlegtes Nordland und ein Jotunheimen, das auf seinen Wellen schwimmt.«

Ålesund

Die attraktive Jugendstilstadt Ålesund ist der Hauptort der Region Sunnmøre und einer der größten Klippfisch-Exporthäfen der Erde. Die Hurtigrutenschiffe laufen den Hafen im Sommer auf der nordgehenden Route zweimal an, da sie von Ålesund aus den Abstecher in den Geirangerfjord unternehmen. Im Jahr 1904 fielen bei einer Brandkatastrophe 800 Holzhäuser den Flammen zum Opfer, 12 000 Menschen wurden obdachlos. Ålesund wurde mit internationaler Unterstützung im alten Stil, aber in Stein wieder aufgebaut. An die Soforthilfe aus Deutschland erinnern der Straßenname »Keiser Wilhelmsgate« und ein sieben Meter hohes Reliefbildnis Wilhelms II. im Stadtpark, der aus seinem Privatvermögen vier Schiffe mit Medikamenten, Kleidung, Nahrungsmitteln und Materialien zum Wiederaufbau schickte und diese Schiffe zudem als Notunterkünfte für Obdachlose zur Verfügung stellte.
Die Aksla ist, wie gesagt, der Hausberg der Jugendstilstadt Ålesund und einer der bekanntesten Aussichtsberge Norwegens. Er bietet ein exzellentes Panorama der auf mehreren Inseln errichteten Stadt sowie der bis weit in den kalendarischen Sommer hinein schneebeckten Sunnmørsalpen, die über 1000 Meter aus Vartdals- und Hjørundfjord aufragen.

1 *Der Mardalsfossen ist einer der höchsten Wasserfälle Europas. Da er für die Energiegewinnung genutzt wird, fließt meist nur zwischen Juni und August Wasser – dann aber garantiert.* – 2 *Am Aussichtspunkt Varden hat man einen schönen Blick auf den Romsdalfjord, Molde, Møre und Romsdal.* – 3 *Die Innenstadt des Hafenstädtchens Molde leuchtet malerisch bei Sonnenuntergang.*

2

3

1

1 *Der Plateaugletscher Jostedalsbreen ist mit 480 Quadratkilometern der größte Gletscher Festlandeuropas, seit 1991 stehen er und seine Umgebung als Nationalpark unter Schutz. In alle Himmelsrichtungen entsendet er mehr als 50 Gletscherarme, von denen der Briksdalsbreen in Stryn auf der West- und der Nigardsbreen in Luster auf der Ostseite die touristischen Hauptanziehungspunkte sind.* – 2 *Entlang der rund 100 Kilometer des Gletschers begegnen einem immer wieder bizarre Fels- und Eisformationen.* – 3 *Ein Arm des Jostedalsbreen ist der Langedalsbreen bei Tungastølen. Fast bedrohlich wirkt er über dem idyllischen Tal.*

Blick vom Hausberg Aksla auf Ålesund.

Seite 120/121
1 *Kann diese Farbigkeit über dem Aurlandsfjord bei Høydal natürlich sein? In Norwegen scheint alles möglich …* – 2 *Klar sind hingegen die Farben am Fjærlandsfjord, einem 27 Kilometer langen Seitenarm des Sognefjords in der Gemeinde Balestrand.* – 3 *Das Hochplateau der weitflächig als Nationalpark ausgewiesenen Hardangervidda kann bis weit in den Juli hinein Schneereste und Altschneefelder tragen.* – 4 *Die Serpentinenstraße Trollstigen – der »Steig der Trolle« – erreicht eine Passhöhe von 870 Metern und zählt zu den berüchtigtsten Bergstraßen des Nordens. Sie bietet einzigartige Panoramen, am schönsten beim Stigrøra-Kiosk oberhalb des Wasserfalls Stigfossen.*

1

2

3

4

Trøndelag

Die mittelnorwegische Landschaft Trøndelag gilt seit den Wikingerzeiten als historischer, kultureller und religiöser Mittelpunkt des Landes. Von den Hochebenen und Gletschern des Nationalparks Dovrefjell-Sunndalsfjella und den Gipfeln von Trollheimen erstreckt sich dieses norwegische »Urland« bis zum Børgefjell-Nationalpark an der Grenze zu Schwedisch-Lappland, von den Wildnis-Nationalparks Lierne, Skarvan und Forollhogna bis zu den alpin aus dem Nordmeer aufragenden Felsküsten und Inseln, von denen der Trondheimsfjord als drittlängster Fjord Norwegens 130 km ins Landesinnere hineingreift. Seit dem Mittelalter reisen die norwegischen Könige zur Krönung in die Kathedrale von Trondheim, zu der auch Pilgerwege aus ganz Norwegen und Schweden führen. Die Dom- und Universitätsstadt Trondheim am südlichen Trondheimsfjord ist Hauptstadt der Provinz Sør-Trøndelag. Im Grenzgebiet zu Schweden liegt die UNESCO-Welterbestätte Røros. Steinkjer am inneren Trondheimsfjord ist die Hauptstadt der Provinz Nord-Trøndelag, die sich bis an die Grenzen des Nordlands erstreckt.

Traditionelle Fischerhütten – sogenannte Rorbuer – findet man überall entlang der Küste und auf den Inseln Norwegens. Hier bei Kristiansund in Nordmøre.

Norwegens Kernland
Trondheim – Dovrefjell – Fokstumyra-Moor

Den Kern der Landschaft Trøndelag bildet der Trondheimsfjord. Der land- und forstwirtschaftlich genutzten Küsten- und Fjordregion stehen im Binnenland ausgedehnte Moor-, Hochflächen- und Fjellgebiete gegenüber.

Krönungsstadt Trondheim

Die Universitätsstadt Trondheim ist mit 175.000 Einwohnern die drittgrößte Stadt Norwegens nach Oslo und Bergen. Die Krönungsstadt der norwegischen Könige liegt vor der imposanten Kulisse von mehr als 80 bis weit in den kalendarischen Sommer hinein schneebedeckten Bergen an der Mündung der Nidelva in den Trondheimsfjord. Im Jahr 997 gründete Olav I. Tryggvason auf der trapezförmigen Halbinsel zwischen Fjord und Fluss den Königshof Nidarnes und ließ hier eine christliche Kirche als Missionszentrum errichten. Der Nidarosdom ist Ziel und Ausgangspunkt der Pilgerwege in Norwegen und Schweden. Berühmt geworden ist das Foto von Kronprinz Haakon als Pilger mit Stab, Rucksack und Isomatte auf dem Wanderweg über der Altstadt von Trondheim.
Die Altstadt-Wanderung »Trondheim Byvandring« ist derart populär, dass sich viele der Besucher einen Wanderpass mit Wanderstempel ausstellen lassen und andere norwegische Städte inzwischen ebenfalls »Byvandring« anbieten: Wandern in der Stadt.
Das heutige Stadtbild ist im Wesentlichen eine Schöpfung des Barock, damals hieß die Stadt Dronthjem. Nach dem Brand im Jahr 1681 ließ der in dänischen Diensten stehende luxemburgische General und Baumeister Johan Caspar de Cicignon zwei Hauptachsen (Munkegata und Kongensgate) mit einem rechtwinkligen Straßengitter anlegen. Die Munkegata verläuft in nördlicher Richtung vom Nidarosdom beziehungsweise dem Erzbischofshof und damaligen Amtssitz des dänischen Gouverneurs zum Fjord, die Kongensgate führt in westöstlicher Richtung quer durch die von der Nidelva umflossene Halbinsel. An der Kreuzung der beiden Straßen entstand der große, rechtwinklige Marktplatz. Gleichzeitig wuchs nun die Stadt ostwärts über die Nidelva hinaus, wo Cicignon die Festung Kristiansen errichten ließ.
Ab dem 17. Jahrhundert erfuhr Dronthjem einen wirtschaftlichen Aufschwung durch die Aktivitäten verschiedener Handelshäuser, die wie die »Flensburger« meist dänisch waren. Als Dänemark ein Handelsverbot für Schotten, Engländer und andere nicht wie die »Flensburger« aus dem Königreich Dänemark stammende Ausländer erließ, nahmen viele von ihnen die dänische Staatsbürgerschaft an und blieben in Dronthjem wohnen. Der bekannteste Bau dieser Zeit ist der Stiftsgården am Marktplatz, 1770 errichtet für

1 *Die Speicherhäuser von Trondheim an der Nidelva wurden aus Holz erbaut; einige stehen sogar auf Pfählen im Fluss.* – 2 *Fröhliches Treiben herrscht in der Innenstadt von trondheim.* – 3 *Der Nidorsdom überragt mit seiner imposanten Spitze die Häuser von Trondheim.*

1

2

3

1

2

die dänische Geheimrätin Cecilie Schöller. Dieses bezaubernde Rokokopalais, einer der größten erhaltenen Holzbauten Norwegens, kann im Rahmen von Führungen besichtigt werden und dient der königlichen Familie bei Aufenthalten in Trondheim als Unterkunft.

Ähnlich wie in Oslo stehen die Häuser mit der Langseite zur Straße, Giebelstellung herrscht hingegen am Hafen vor, wo die Häuser teilweise auf Pfählen in den Fluss hinausragen.

Wahrzeichen von Trondheim ist der über dem Grab Olavs des Heiligen in romanischer und gotischer Zeit errichtete Nidarosdom; er ist der repräsentativste und größte mittelalterliche Steinbau Skandinaviens und die Krönungskirche der norwegischen Könige. Am Hochaltar befand sich der silberne Sarkophag des heiligen Olav, an dem sich viele Wunder ereignet haben sollen, was den Nidarosdom zu einem der bedeutendsten Wallfahrtsziele und Wirtschaftsstandorte Nordeuropas werden ließ. 1869 begann eine aufwendige Restauration und Rekonstruktion des gewaltigen Bauwerks, das als »Nationalheiligtum« Norwegens gilt.

Königskrönungen sind ein kostspieliges Spektakel, und das norwegische Storting nutzte den Faktor Geld, um dem schwedischen Unionskönig 1873 gegen Finanzierung der Krönung einen eigenen Staatsminister (Regierungschef) abzutrotzen. Am 18. Juli 1873 wurde Oscar II. in Trondheim zum König von Norwegen gekrönt, das Storting hatte die Kosten der Krönung bewilligt.Im Gegenzug schaffte Oscar den Posten des schwedischen Statthalters in Norwegen ab, Frederik Stang wurde der erste norwegische Staatsminister. Es war ein bedeutender Fortschritt in der norwegischen Demokratie. Nach der Auflösung der Union mit Schweden fand im Nidarosdom am 22. Juni 1906 die Krönung König Haakon VII. und seiner Frau Maud statt.

Zu den brisantesten innenpolitischen Streitthemen zählte nach der Unabhängigkeit die Sprachenfrage. Im Rahmen der »Renorwegisierung« sollte der Name der Krönungsstadt verändert werden. Am 1. Juni 1929 beschloss das Parlament, dass Trondhjem den dänischen Namen aufgeben und wieder den mittelalterlichen Namen Nidaros zu führen habe; die knappe Mehrheit von 57 zu 54 Stimmen spiegelte die Spaltung des Parlaments im Sprachenstreit. Diese Namensänderung führte im Jahr 1929 zur größten Massendemonstration in der Geschichte der mittelnorwegischen Stadt. Die Bewohner wollten den inzwischen jahrhundertealten Namen behalten. Während dieses Streits wurde im Rahmen des neunhundertjährigen Olavsjubiläums am 28. Juli 1930 der wieder hergestellte Nidarosdom feierlich eröffnet. Die Proteste der Einwohner gegen den neuen alten Namen gingen jedoch weiter, das Storting sah sich zum Einlenken gezwungen und legte dann am 26. Februar 1931 »Trondheim«als neuen Namen fest. Diesen Namen führt die Stadt bis heute.

Dovrefjell – Pilgerwege und Trolle

Das Dovrefjell ist nach dem Jotunheimen das zweithöchste Gebirge Norwegens und Nordeuropas. Es erhebt sich zwischen dem ostnorwegischen Gudbrandsdalen und dem mittelnorwegischen Trøndelag und erreicht in der vergletscherten Snø-

1 *Die Brücke Gamle Bybro überspannt mit ihren feuerroten, hölzernen Toren aus dem Jahr 1861 den Fluss Nidelva.* – 2 *Der Nidarosdom ist die Krönungskirche der norwegischen Könige – da passt auch der majestätische Innenraum hervorragend.* – 3 *Trondheim ist auch eine grüne Stadt. Im Sommer verbergen sich die Kirchtürme hinter einem vollen Blätterdach.* – 4 und 5 *Details an der Fassade zeugen vom gotischen Ursprung des Doms.*

1

2

hetta immerhin beachtliche 2268 Meter. Internationalen Ruf genießt es als botanische Schatztruhe ersten Ranges, als Rückzugsgebiet für selten gewordene Vögel und Insekten sowie als Lebensraum der urzeitlichen Moschusochsen; gleichzeitig ist es ein bekanntes Wander- und Skitourengebiet sowie Jagd- und Angelrevier. Der höchste Gebirgstrakt steht als Nationalpark unter Schutz.

Als die Abgeordneten in Eidsvoll 1814 die bis heute gültige Verfassung des Königreichs Norwegen verabschiedeten, lautete ihr abschließender Schwur: »Enige og troe til Dovre faller« – einig und treu, bis Dovre fällt. Damals, als das Land noch unvermessen war, galt die Snøhetta als höchster Gipfel des Nordens, und wer heute die gigantische Rundschau von diesem Berg genießt, kann sich tatsächlich auf dem höchsten Gipfel fühlen: So weit das Auge reicht, ist kein anderes Gebirge in Sicht, das auch nur annähernd die Höhe des Dovrefjell erreicht.

In den Sagen ist das Dovrefjell ein Wohnplatz der Trolle und anderer unchristlicher Wesen. In der nordischen Mythologie sind Trolle die negativen, Schaden bringenden Gegenstücke zu Feen und Elfen. Oft erscheinen sie in Riesen- oder Zwergengestalt. Während die Menschen in Midgard leben, hausen die Trolle in Utgard.

In Vålåsjø bildet der museale »Dovregubbens Hall« eine moderne Troll-Erlebnisstätte für Automobilisten, die während der Fahrt auf der E 6 eine Pause nötig haben. Im zweiten Akt von Henrik Ibsens Drama »Peer Gynt« ist das Dovrefjell Schauplatz von Peers Ausflug ins Reich der Dovre-Trolle: Peer hält um die Hand der Tochter des Trollkönigs an und sieht sich dem energischen Widerstand von Hoftrollen, Erdgeistern, Trolljungfern, Trollhexen und anderem Zaubervolk ausgesetzt. Als plötzlich eine Kirchenglocke von fern ertönt, flüchten die Trolle unter markerschütterndem Geheul und Getöse; die Halle stürzt zusammen, und der Trollspuk verschwindet.

Königsweg über das Dovrefjell

Über die Hänge des Dovrefjells führte der uralte Weg von Ost- nach Mittelnorwegen. Über diesen »Königsweg« (Kongeveien) zogen Könige und Kaufleute, Pilger wallfahrteten zum Nidarosdom, Königshöfe und Gasthäuser luden zur Rast, und Raubgesindel machte hier so manch fette Beute. Teile des alten Gebirgsübergangs (ihn ersetzt heute die Europastraße 6) sind erhalten beziehungsweise wurden restauriert und sind als Wanderwege begehbar. Automobile können diesen alten Weg nicht befahren, aber auch schon in der Zeit von einem und zwei PS klagten Wagenbesitzer über den schlechten Zustand des Wegs. Der König Christian VI. von Dänemark befuhr den Kongeveien mit großem Gefolge im Jahr 1733 und beschrieb nach seiner Rückkehr Norwegen als Land voller Gefahren und überwältigender Naturschönheit. Das Schlimmste in diesem Land aber sei der Weg über das Dovrefjell.

Am alten Königshof Tofte im nördlichen Gudbrandsdalen begann der beschwerliche Weg über das Gebirge. Das älteste Gebäude des heute unter Schutz stehenden Hofensembles von Tofte an der Hangstraße oberhalb der E 6 datiert von 1680. Bekannt ist Tofte jedoch schon seit der Zeit König Harald Hårfagres (um 900). Harald soll hier einst ausgiebig gefeiert haben: Während des Gelages rief ihn jemand hinaus in die Winternacht, und als Harald ungehalten über einen Hügel ging, um nachzusehen, stand dort Snøfrid Svåsedotter, »die schönste Frau, die man sich

3

vorstellen kann, sie reichte dem König eine Schale mit Milch, er nahm die Schale und Snøfrids Hand, und es war, als sei Feuer in seinen Körper gekommen«. Snøfrid wurde eine von Haralds Königinnen.

Norwegens berühmtestes Moor

Von Tofte führt der Kongeveien steil hinauf zum »Hardbakken« – der Name verweist darauf, welch harte Arbeit der Auf-

1 *Die Bergbauvergangenheit Rorøs ist heute noch an vielen Stellen sichtbar. Hinter dem schwarzen Gestein erhebt sich der Kirchturm.* – 2 *Die 6000 Jahre alte Felszeichnung des sogenannten Bøla-Rentiers befindet sich am Ostufer des Snasavatnet in der Nähe von Steinkjer in Nordnorwegen.* – 3 *In der Trollerlebnisstätte »Dovregubbens Hall« auf dem Dovrefjell begegnet man so mach schaurigen Gestalten.*

stieg für die Pferde darstellte – und dann nordwärts an den Rand des Moorgebiets Fokstumyra, Norwegens wohl berühmtestem Moor.

Die ältesten Beschreibungen vom unvorstellbaren Vogelreichtum dieses Moors stammen aus dem 19. Jahrhundert. Als im Jahr 1916 der Dovrebanen, die Eisenbahnlinie Oslo–Trondheim, mitten durch das Moor gebaut wurde, verschwanden fast alle Vögel. Man befürchtete damals, dass die Tiere nie mehr zurückkehren würden, doch sie gewöhnten sich an die Feuer und Rauch speienden stählernen Ungeheuer, und nun wurden Stimmen laut, dieses Vogelparadies unter Schutz zu stellen. Sieben Jahre später, 1923, wurde Fokstumyra als erstes großflächiges Naturschutzgebiet Norwegens ausgewiesen; die Vögel kamen zurück, obwohl die Eisenbahn weiter ratternd und fauchend durch das Moor dampfte. Heute führt ein markierter Pfad den Besucher durch das Schutzgebiet, in dem sich Kraniche, Kampfschnepfen, Moorfalken, Blesshühner und noch eine ganze Reihe anderer Vögel beobachten und fotografieren lassen.

Von den Fokstumyra-Mooren führt der alte Königsweg, der hier zugleich als »Pilgrimsleden« (Pilgerweg) ausgeschildert ist, weiter in den Ort Hjerkinn, wo ein angeblich 900 Jahre alter Wurzelstock daran erinnert, dass dieser Weg von 41 norwegischen Königen benutzt wurde. Die Eysteinkirche erinnert an König Øystein I. Magnusson, der während seiner Herrschaft 1103–1123 als Erster Schutzhütten für Reisende am Königsweg hatte bauen lassen.

In der Saga der Magnussöhne verteidigt König Øystein gegenüber dem Kreuzfahrer Sigurd I. seinen Beschluss, zu Hause zu bleiben: »In Dovre habe ich Berghütten errichten lassen. Dort sind viele Reisende früher erfroren. Vielleicht ist das nur eine Kleinigkeit, aber dem norwegischen Volk ist besser damit gedient, dass ich Berghütten errichten lasse, als wenn du in Sarazenenland Mohren abschlachtest und sie zur Hölle schickst.«

Bølareinen – Kunst am Snåsavatnet

Das Bølareinsdyret, die 1,8 Meter lange Konturdarstellung eines Rentiers auf einer Felswand oberhalb des Sees Snåsavatnet in Nord-Trøndelag, ist das bekannteste Beispiel naturalistischer Monumentalfelszeichnungen. Um 3000 v. Chr. ritzten altsteinzeitliche Wildbeuter mit einfachen Steinbearbeitungsgeräten dieses naturgetreue Bild eines Rentiers in einen Felsen kurz vor der Einmündung des Bachs Bøla in den See Snåsavatnet, der damals wahrscheinlich noch ein Teil des Trondheimfjords war. Die Konturlinien sind 2 cm breit und 1 cm tief. In unmittelbarer Umgebung finden sich weitere Felsbilder von Tieren, darunter das eines Bären.

UNESCO-Welterbe Røros

Røros ist die besterhaltene historische Bergbaustadt Norwegens und gehört seit 1980 zum Weltkulturerbe der UNESCO. 333 Jahre lang wurde hier kontunuierlich Kupfer abgebaut, und da nur die Brände von 1678/79 die Entwicklung kurz unterbrachen, repräsentieren die Bergbau- und Wohngebäude ein montangeschichtliches Kontinuum, das vom 17. bis ins 20. Jahrhundert reicht.

1 *Ein Prachexemplar von einem Moschusochsen in Dobrefjell.* – 2 *In Rorøs wurden die meisten der Holzhäuser direkt auf Pfählen ins Wasser gebaut.* – 3 *Im Wasser eines Bergsees spiegelt sich malerisch die verschneite Winterlandschaft von Hjerkinn.* – 4 *Vom Aussichtsberg Tron hat man einen großartigen Blick Richtung Tylldal.* – 5 *Holzhäuser prägen die historische Altstadt des UNESCO-Welterbes Rorøs.*

4

5

Der Norden

Nordnorwegen ist der größte und dünnstbesiedelte Landesteil Norwegens und der an Naturwundern reichste. Das Land der Mitternachtssonne erstreckt sich von der spektakulären Helgelandküste bis zum Lofoten-Archipel und zum Nordkap und endet im Osten der Provinz Finnmark an der Grenze zu Russland. Als Weltkulturerbe stehen die Vega-Inseln und die Hjemmeluft-Felszeichnungen unter dem Schutz der UNESCO. Nordnorwegen umfasst die Provinzen Nordland, Troms und Finnmark und ist mit rund 113 000 km² fast so groß wie Österreich und die Schweiz zusammen. Finnmark und Troms, die arktischen Provinzen der Nordkalotte, sind zusammen etwas größer als Bayern, werden jedoch nur von 246 000 Menschen bewohnt – Tendenz sinkend wegen der enormen Abwanderung in die Wachstumszentren im Süden des Landes. In ihrer Schönheit und Dramatik ähneln die Küsten und Inselreiche von Nordland und Troms der Fjordküste Westnorwegens, was sie außer in den touristischen Ballungszentren der Lofoten oder am Nordkap grundlegend unterscheidet, ist neben der Mitternachtssonne die der Abwanderung zu verdankende Ruhe und Einsamkeit.

Vom Sjonafjord im Nordland reicht der Blick bis zur Papageitaucher-Insel Lovunden.

Im Reich der Mitternachtssonne

Sieben Schwestern – Tromsø – Nordkap – Lofoten

Etwa 80 Tage lang verdrängt die Sonne am Nordkap die Sterne, den Mond und die Nacht – ein Phänomen, das bis zum Polarkreis und darüber hinaus zu beobachten ist. Während die Sonne am Polarkreis zur Zeit der mittsommerlichen Sonnenwende für einige Tage an Mitternacht dicht über dem Horizont ihren tiefsten Punkt erreicht, schwebt das Gestirn aus der Nordkap-Perspektive deutlich höher über dem Polarmeer. Verbunden mit diesem »Polartag«, der zum Nordpol hin

immer länger wird – am Nordpol besteht ein Jahr aus einem Tag und einer Nacht – sind große Mengen Licht- und Wärmeenergie und ein entsprechend üppiges Pflanzenleben.

Als Erster schilderte der römische Geschichtsschreiber Publius Cornelius Tacitus in seiner geografisch-ethnografischen Schrift »Germania« (98 n. Chr.) den Nordrand Europas und das Phänomen der Mitternachtssonne: »Jenseits der Suionen [Schweden] liegt ein anderes, träges und beinahe unbewegtes Meer. Dass es den Erdkreis umringt und umschließt, wird dadurch glaubhaft, dass der letzte Glanz der schon untergehenden Sonne so hell bis zum Aufgang anhält, dass er die Sterne verblassen lässt; hinzu tritt die Überzeugung, man höre außerdem den Klang der aufgehenden Sonne und sehe die Gestalten ihrer Pferde und die Strahlen ihres Hauptes.«

Dieses sagenumwobene Land der Mitternachtssonne war schon Jahrhunderte vor Tacitus bekannt. Der griechische Dichter Hesiod erwähnt um 700 v. Chr. als Erster die Hyperboräer, die am Rand der Welt »jenseits des Nordwinds« (hyper Boreas) wohnen. In der griechischen und lateinischen Literatur wurden die Hyperboräer zum Synonym für ein in paradiesischer Glückseligkeit lebendes Volk, das einen der klimatisch begünstigtsten Landstriche der Erde bewohnte: das mythische Nordland, in dem die Sonne alljährlich nur einmal auf- und untergehe und alle Früchte aufs Schnellste reiften.

Helgeland – heiliges Land

Diese mythische Geografie, in der das Land der Mitternachtssonne als Wunderland gedacht wurde, galt auch im Norden selbst: Helgeland, »heiliges Land«, lautet der Name der Landschaft nördlich von Trøndelag. In ihren historisch fassbaren Grenzen erstreckt sie sich von der Grenze zwischen Trøndelag und Nordland bis hinauf zum Svartisen-Gletscher und dem Nationalpark Saltfjellet am Polarkreis; die Räume weiter nördlich hingegen waren von »Finnen« besiedelt und gehörten einem anderen Kulturkreis an.

Der Domherr und Chronist Adam von Bremen beschrieb Helgeland um 1072 als Insel und erklärte den Namen »heiliges Land« durch das Phänomen der Mitternachtssonne. Zugleich »erklärte« er die Erscheinung der Mitternachtssonne auf der Basis der Vorstellung, dass sich die Sonne um die Erde drehe – damals weitgehend unangefochten Stand der Wissenschaft –, was den Heiden unbekannt sei.

Die Nordlandküste

Zu den spektakulärsten Küstenabschnitten von Norwegen zählt die Helgelandküste. Sie umfasst die südliche Nordlandküste mit ihren Fjorden und Tausenden von Inseln, darunter die als UNESCO-Welterbe ausgewiesenen Vega-Inseln, und die Gebirgslandschaften an der Grenze zu Schweden, darunter den 1447 Quadratkilometer großen Wildnis-Nationalpark Børgefjell. Der Polarkreis markiert in etwa die Nordgrenze dieses außergewöhnlichen Landstrichs, dessen Leitlinie für den Fremdenverkehr neben der Hurtigrute die als »Nationale Touristikstraße« ausgeschilderte Reichsstraße 17 an der Küste ist. Im Norden geht Helgeland in die in die Landschaft am Saltfjord über, an dessen Ausgang die Hafenstadt Bodø liegt und der gewaltige »Saltstraumen« eine der mächtigsten Gezeitenströmungen erzeugt. Im Süden der Insel Torget nahe des Hurtigruten-Hafens Brønnøysund erhebt sich der 260 Meter hohe Torghatten aus dem Nordmeer. Dieser hutförmige Granitkoloss dient seit Menschengedenken der Schifffahrt als Wegzeichen. Mitten in den

Ganz fantastisch wirkt so der Fluss Biseggelva im Borgefjell-Nationalpark. In dieser Märchenlandschaft kann man sich vorstellen, hinter dem nächsten Felsen einem Troll vor die Füße zu stolpern.

NORWEGEN
Nordteil
0
50 km
N
Nationalpark
NORDMEER
Nordkap
MAGERØYA
Honningsvåg
ROLVSØYA
PORSANGER-HALVØYA
Hammerfest
KVALØYA
SØRØYA
Russenes
Skaidi
SEILAND
STABBURSDALEN NATIONALPARK
Porsangerfjord
Laksefjord
Gamvik
Kjøllefjord
Mehamn
NORDKINN-HALVØYA
Berlevåg
Båtsfjord
Vardø
VARANGER-HALVØYA
Ilfjord
Vadsø
Tana Bru
Varangerfjord
Grense Jakobselv
Kirkenes
Bjørnevath
Utsjoki
STJERNØYA
Øksfjord
Talvik
Alta
Alteidet
Skjerrøy
Finnmark
Tana
Karasjok
Inari-järvi
ØVRE PASVIK-NATIONALPARK
KVALØYA
Tromsø
Tromsø-brücke
Lyngen
Skibotn
REISA NATIONALPARK
Bidjovagge
ØVRE ANARJÅKKA NATIONALPARK
Inari
Kautokeino
RUSSLAND
Kilpisjärvi
Kilpissee
Gryllefjord
Andenes
SENJA
Finnsnes
Andsfjord
ANDØYA
ÅNDERDALEN NATIONALPARK
Moen
Vågsfjord
Risøyhamn
ANDØRJA
ØVRE DIVIDAL NATIONALPARK
Harstad
Sortland
HINNØYA
Stokmarknes
Vesterålsfjord
Narvik
Bjornfjell
L A P P L A N D
Torneträsk
AUSTVÅGØYA
VESTVÅGØYA
Svolvær
1893 m
Storsteinsfjellet
Kebnekaise
2111 m
Nikkaluokta
STADØYA
Stamsund
Vestfjord
Innhavet
Akkajaure
Å
MOSKENESØYA
Akka
2010 m
Kjerringøy
Værøy
Stora Sjöfallets
RØST
RAGO NATIONALPARK
Stora Lulevatten
Bodø
Fauske
Rapaätn
NORWEGEN
Polarkreis
Storjord
Ørnes
SALTFJELLET/ SVARTISEN NATIONALPARK
Mo i Rana
Nesna
Sandnessjøen
Mosjøen
Hemavan
BØRGEFJELL NATIONAL PARK
Namskogen
Storuman
Grong
LOFOTEN
0
20 km
N
Fähre
Hurtigrute
Andenes
V E S T E R Å L E N
Andfjord
Dverberg
ANDØYA
Risøyhamn
GRYTØYA
Myre
Harstad
Vågsfjord
Jennestad
LANGØYA
Sortland
Strand
HINNØYA
Stokmarknes
HADSELØYA
Melbu
Morfjord
Trollfjord
AUSTVÅGØYA
Fiskebøl
Raftsund
Lødingen
L O F O T E N
GIMSØYA
Eggum
Hov
Gimsøy
Svolvær
Utakleiv
Borg
Vikspollen
Kabelvåg
Bognes
Skarberget
FLAKSTADØYA
Napp
Flakstad
Leknes
Henningsvær
Stamsund
Mortsund
VESTVÅGØYA
Sund
Nusfjord
Skutvik
MOSKENESØYA
Kirkefjord
Moskenes
Reine
Å
V e s t f j o r d
NORWEGEN
Moskenstraumen
VÆRØYA
Bodø

Felsmassen klafft ein weithin sichtbares Loch. Wenn die Hurtigruten-Schiffe von Brønnøysund aus Kurs Richtung Süden nehmen, machen sie einen Umweg, um den Passagieren einen Blick auf dieses Naturwunder zu erlauben: Das Loch, das den Granit auf einer Länge von 160 Metern durchschneidet, öffnet sich 112 Meter über dem Meeresspiegel, die Höhlung erreicht eine Segelschiffhöhe von bis zu 75 und eine Breite von bis zu 25 Metern. Wer diesen Berg in der Nebensaison erwandert, wenn keine Reisegruppen mehr durch die Höhle geschleust werden, tritt in eine andere Wirklichkeit. Die zusammenrückenden Felsflanken, dunkelgrün

leuchtende Moose als einzige Farbe außer grauem Granit, die natürliche Stille – alles verdichtet sich zu einer fast mythischen Stimmung. Jeder Schritt hallt in der Durchgangshöhle wider, von der Decke fließt das Gestein wie ein Vorhang in Wellen herab, über die feuchten Wände sickert Wasser, den Boden bedecken ausgebrochene Felsblöcke, und vom seeseitigen Ende der Höhle fällt der Blick wie von einem Thron aus über die Inseln und Schären vor der Küste von Helgeland. Ausgeschürft wurde diese Durchgangshöhle von der Brandung, als das Land 110 bis 120 Meter tiefer lag als heute.

Sieben Schwestern

Sagen verbinden den Torghatten mit nahezu allen anderen »Naturwundern« der Helgelandküste. Viele dieser Orte dienten seit der Steinzeit als Wohnplätze, tragen menhirartig aufragende Bautasteine oder sind mit Felszeichnungen geschmückt. Als die zentralen Gestalten dieser Sagen fungieren die zauberische Lekamøya und die sieben Töchter des Sulitjelma-Königs sowie als Gegenspieler der Hestmannen (Pferdmann). Das gesamte Sagenpersonal, in dem sich die Mythen uralter Zeiten verkörpern, soll bei einem Sonnenaufgang in Stein verwandelt worden sein, so der Hestmannen, der sein stolzes Haupt seither in 568 Metern Höhe auf der kleinen Insel Hestmona am Polarkreis erhebt. Vor allem die Spuren der mächtigen Lekamøya sind fast allgegenwärtig, und in vielem erinnern die ihr zugedachten sagenhaften »Hausratsgegenstände« an das steinerne Inventar, das in der Bretagne und anderen Landschaften der Jungfrau Maria zugeschrieben wird. So wird der Bautastein bei Tjøtta unweit der Sieben-Schwestern-Gipfelgruppe »Lekamøyas Stricknadel« genannt, die anderen Bautasteine von Tjøtta Lekamøyas »Teigrolle«, »Kuchenblech« und »Teig«.
Tjøtta, wo sich bis heute der größte Bauernhof Nordnorwegens befindet, war schon in der Sagazeit Sitz eines Häuptlings: Hårek von Tjøtta war einer der Männer, die im Jahr 1030 in Stiklestad König Olav den Heiligen erschlugen.
Auf der Insel Alsten erhebt sich die Gipfelgruppe der Sju Søstre als eines der Wahrzeichen der Helgelandküste. Die in der Botnkrona (1066 Meter) gipfelnde, von der Erosion der Gletscher geprägte Bergkette ist die steinerne Verköperung der »Sieben Schwestern«. Die Schwestern waren Töchter des Königs von Sulitjelma; Sulitjelma ist das vergletscherte Gebiet östlich des Saltfjords an der Grenze zu Schweden und eines der Naturparadiese im Nordland. Einst besuchte Lekamøya die sieben Schwestern in Sulitjelma, und die acht Frauen begaben sich auf die Insel Landego, um an der Küste des Helgelands zu baden. Aber der Hestmannen saß auf der Lauer und beschloss, Lekamøya zu fangen. Er wartete, bis sich die Frauen schlafen gelegt hatten, bestieg um Mitternacht sein Zauberpferd und ritt über den Fjord, um Lekamøya zu entführen. Eine der Frauen entdeckte ihn, weckte die andern, und alle flohen südwärts. Die sieben Schwestern gaben erschöpft auf der Insel Alsten auf, und Lekamøya setzte die Flucht allein fort. Da der Hestmannen Lekamøya nicht einholen konnte, schoss er einen Pfeil auf sie ab. Der Lärm hatte inzwischen den Brønnøy-König geweckt, und dieser warf seinen Hut vor den Pfeil, um Lekamøya zu schützen. Der Zauberpfeil durchbohrte den Hut und hätte auch Lekamøya durchbohrt – wäre in diesem Augenblick nicht die Sonne aufgegangen: Ihre Strahlen verwandelten alle in Stein. Aus der durchschossenen Kopfbedeckung wurde der Torghatten, die Sieben Schwestern wurde als Sju Søstre eine der Gipfelgruppen der Küste, ganz im Süden steht die rote Lekamøya mit flatterndem Gewand und weit draußen der Hestmannen.

Die rote Insel

Leka, eine Insel in dem Übergangsbereich von Trøndelag und Nordland, bildet den südlichsten Ausläufer der Helgelandküste.

1 *Die besondere geologische Form des Torghatten in der Nähe von Brønnøysund hat den Grundstein für die Legende um diese Landschaft gelegt.* – 2 *Auch die »Sieben Schwestern« auf der Insel Alsten sind Teil dieser Legende geworden.* – 3 *Im Nationalpark Saltfjellet-Svartisen am Polarkreis liegt der Plateaugletscher Svartisen. »Das schwarze Eis« ist mit 350 Quadratkilometern der zweitgrößte Gletscher Norwegens nach dem Jostedalsbreen.*

2

3

Gesäumt von einer Strandplatte, die heute teilweise als Badeparadies bekannt ist, erhebt sich auf Leka ein Fjell aus rostrotem Gestein, das in 422 Metern Höhe im Lekatinden gipfelt und in dem Südausläufer Lekamøya sein Wahrzeichen hat. Lekamøya ist die in Stein verwandelte gleichnamige Sagengestalt, und wer sie vom Schiff von Südosten aus sieht, kann sich tatsächlich mit einiger Fantasie vorstellen, dass es sich um eine gigantische Frauengestalt handelt, die mit flatterndem Gewand südwärts eilt. Am Fuß der Lekamøya öffnet sich die Solsem-Höhle mit ihren steinzeitlichen Felsmalereien. Tatsächlich ist die rote Insel geradezu übersät mit denkwürdigen archäologischen Zeugnissen. Der Herlandshaugen ist mit zehn Metern Höhe und einem Durchmesser von rund 70 Metern Norwegens zweitgrößtes Hünengrab. Erreichbar ist diese schöne Insel in einer zwanzigminütigen Fährfahrt von Gutvik aus, und auch der schön gelegene Campingplatz ist ein Unikum: Die Hütten sind nicht in Holz, sondern aus dem rötlichen Serpentingestein erbaut, aus dem die Insel besteht. Nördlich vorgelagert ist der Insel das überwiegend flache, grasbewachsene Schärenreich Leknesøyene, ein bedeutendes Rückzugsgebiet für Vögel.

Tromsø – Hauptstadt am Eismeer

Die Universitätsstadt Tromsø, Hauptstadt der Provinz Troms, ist mit 62 000 Einwohnern die größte Stadt Nordnorwegens und im Sommer das »Paris des Nordens« mit Fußgängerzonen und Sonnenbad in den Grünanlagen und auf den Kais am Hafen, mit Theater, Museen, Restaurants und Cafés sowie der Schwebebahn auf den Hausberg Storsteinen (420 m), der eine prachtvolle Aussicht auf die Stadt inmitten der durch die Wärme des Golfstroms klimatisch begünstigten Inselwelt im äußersten Nordwesten Norwegens bietet. Tromsø wurde legendär als Ausgangspunkt von Arktis-Expeditionen. Das Polarmuseum dokumentiert die Unternehmungen von Adolf Erik Nordenskiöld, Roald Amundsen, Fridtjof Nansen u. a. Berühmtestes Bauwerk der von Hitlers Wehrmacht 1944 zu einem großen Teil zerstörten Inselstadt ist die »Eismeerkathedrale« (1965) aus stilisierten »Eisplatten« (Aluminium).

Vesterålen

Die gebirgige Inselkette Vesterålen erstreckt sich auf einer Nord-Süd-Länge von 150 Kilometern vor der Küste von Troms und geht im Süden fast nahtlos in den touristisch bekannteren Lofoten-Archipel über. Als Trennung wird der schmale Raftsund mit dem auf der Lofoten-Seite liegenden Trollfjord angesehen. Mit Fjorden und Meerengen, Schären, Flüssen und Seen, Mooren, Tälern und Hochebenen ähneln sich die beiden Inselgruppen, zu Füßen der alpinen Gipfel befinden sich Sandstrände. Ihre Hauptinseln sind Hinnøya – mit 2205 km² die größte Insel Norwegens –, Langøya (860 km²) und Andøya (490 km²). Auf Hinnøya liegt der Nationalpark Møysalen.

Weltkulturerbe Vega-Inseln

Die nordnorwegischen Vega-Inseln vor der Helgelandküste gehören seit 2004 zum UNESCO-Weltkulturerbe. Die raue Landschaft rund um die Hauptinsel Vega spiegele eine über 1500-jährige Fischerei- und Landwirtschaftsgeschichte, die von der Besiedelung in der Steinzeit bis in die Gegenwart reiche, heißt es in der Begründung. Die malerische Szenerie ist geprägt von Fischerdörfern, Lagerhäusern und Leuchttürmen sowie den sogenannten Eiderhäuschen. Dabei handelt es sich um Bruthäuschen für Eiderenten, deren Daunen hier traditionell gewonnen und weltweit exportiert werden.

Die Vega-Inseln bestehen aus 6500 kleinen und kleinsten Inseln und Schären, die sich im Nordmeer verteilen. Bizarre Felsformationen ragen aus der ansonsten komplett mit grünen Moos- und Grasmatten bedeckten Inselgruppe auf. Die höchsten Berge auf der Hauptinsel Vega sind bis zu 800 Meter hoch.

1 *Die Eismeerkathedrale in Tromsø passt sich mit ihrer Architektur der Umgebung der Stadt an.* – 2 *Vom Fjellheisen aus hat man einen wunderbaren Blick auf Tromsø. Die Tromsø-Brücke verbindet das Zentrum der Stadt auf der Insel Tromsøya mit dem Stadtteil Tromsdalen auf dem Festland.* – 3 *Bei dieser Einsamkeit kann man sich gut vorstellen, dass sich hier, im Tysfjord im Nordland, im Herbst Schwertwale einfinden.*

1

1 *Die Lofoteninsel Flakstadøya – hier mit der Ortschaft Myrland – ist durch einen Unterwassertunnel mit Vestvågøya verbunden.* – 2 *Am Beginn der Europastraße 10, am südlichsten Punkt auf den Lofoteninseln, in Å i Lofoten.* – 3 *Reine auf der Insel Moskenesøya ist ein typisches Fischerdorf, was im gesamten Ort zu spüren ist.* – 4 *Viele der Häuser in Reine sind auf Pfählen ins Wasser gebaut.*

Seite 142/143
Majestätisch ragt der Himmeltindan auf der Lofotenhalbinsel Vestvågøya aus der herrlichen Landschaft auf.

1

2

Norwegens Top Ten

Lofoten

Die Inselkette Lofoten ist die Hauptsehenswürdigkeit der an Naturwundern überreichen Nordlandküste. Der aus sieben Haupt- und Hunderten kleinerer Inseln bestehende Archipel ist ein versunkenes Gebirge, dessen Gipfel während der nacheiszeitlichen Landhebung wieder aus der See auftauchten. Aus der Ferne wirken die Lofoten, die steil bis zu über 1000 Meter aus dem Wasser ragen, wie eine bizarr gezackte Felswand. Der Vestfjord trennt diese durch Fjorde und Buchten reich gegliederte »Lofotenwand« (norweg.: Lofotveggen) vom Festland.

Sognefjord

Als längster Fjord schneidet bei Bergen der 204 Kilometer lange Sognefjord in die Bergwelt ein. An seinem Ende steht die von der UNESCO als Kulturerbe der Menschheit ausgewiesene Stabkirche von Urnes in unmittelbarer Nachbarschaft der höchsten Berge Nordeuropas: Nur 15 Kilometer Luftlinie sind es vom Fjord bis zum 2469 Meter hohen Galdhøpiggen, dem höchsten Gipfel des Nordens. Eine weitere Hauptattraktion am inneren Sognefjord ist die Flåmsbahn; diese Eisenbahnlinie überwindet auf einer Steilstrecke 870 Höhenmeter auf einer Länge von nur 20 Kilometern und fährt durch eine Landschaft von einzigartiger Schönheit. Weiteres Highlight am Sognefjord ist der Nærøyfjord, ein bis zu 250 Meter schmaler Seitenarm,flankiert von bis zu 1800 Meter hohen Felswänden – auch er auf der Liste des UNESCO-Weltnaturerbes.

Geirangerfjord

Der Geirangerfjord in Sunnmøre steht als eine der schönsten Landschaften der Erde als Weltnaturerbe unter dem Schutz der UNESCO. Während der innerste Arm des Storfjords im Winter vereist ist, unternehmen die Hurtigruten-Schiffe im Sommer auf der nordgehenden Route von Ålesund aus den Abstecher durch den 15 Kilometer langen Fjord, an dessen Ende das 250-Seelen-Dorf Geiranger liegt. Vom Schiff aus zu sehen sind in den Felsflanken die berühmten Wasserfälle Sieben Schwestern, Freier und Brautschleier. Spektakulärster Aussichtspunkt ist die Felskanzel Preikestolen 500 Meter senkrecht über dem Fjord. Die Passstraße »Ørneveien« (Adlerstraße) vom Geirangerfjord nach Eidsdal am Norddalsfjord ist mit neun Haarnadelkurven und zahlreichen Aussichtsstellen eine der atemberaubendsten Bergstraßen Skandinaviens. Östlich benachbart ist die Serpentinenstraße Trollstigen. Aus dem unteren Romsdalen nahe der Hafenstadt Åndalsnes schraubt sich der »Steig der Trolle« in elf Haarnadelkurven mit Blick auf die Gipfelwelt der Romsdalsalpen aufwärts zum Informations- und Aussichtspunkt Stigrøra (858 m) beim 320 m hohen Wasserfall Stigfossen. Von der Passhöhe geht es durch das Valldalen an der Schlucht Gudbrandsjuvet vorbei zum Norddalsfjord, wo nach der Fährüberfahrt der »Ørneveien« zum Geirangerfjord anschließt.

Nationalpark Jotunheimen

Der Sognefjellvegen von der Stabkirche in Lom durch den vergletscherten Nationalpark Jotunheimen ist die höchstgelegene Touristikstraße Skandinaviens. Zu den Top-Abstechern zählt die Stichstraße zum Sommerskizentrum am Berghotel Juvasshytta, der höchstgelegenen (1841 m) mit dem Auto erreichbaren Unterkunft Norwegens, am Fuß des Galdhøpiggen (2469 m). Er ist als höchster Gipfel Skandinaviens eines der meistbesuchten Bergwanderziele. Die Aussicht bis hin zu den Fjorden an der Westküste zählt zu den beeindruckendsten Panoramen des Nordens.

Besseggen und Gjende-See

Der See Gjende (984 m) im Nationalpark Jotunheimen ist einer der schönsten Gebirgsseen Skandinaviens. Fjordartig schneidet der gletschertrübe, smaragdgrüne See in das Gebirge ein. An seinem Nordufer erhebt sich der Besseggen, der bekannteste Felsgrat Norwegens. Der Besseggen ist ein Wanderklassiker, der in außergewöhnlichem Abwechslungsreichtum die Schönheit des norwegischen Gebirges erleben lässt, mit faszinierender Aussicht auf Seen, Gipfel und Gletscher. Wer nicht gut zu Fuß ist, unternimmt die eindrucksvolle Fahrt auf dem See: Von Gjendesheim an der Ostbucht fährt das Ausflugsschiff zwei- bis dreimal täglich zu den autofreien Bergherbergen Memurubu und Gjendebu im Nationalpark.

3

1 Der Herbst kleidet das Fjell in stimmungsvolle Farben. – 2 Die Huldra, ein mythisches Wesen, trägt lange Haare und gilt als Wächterin der Wälder. – 3 Kunstvolle Holzschnitzerei an einer Stabkirche.

Lysefjord

Der Lysefjord schneidet östlich von Stavanger auf 40 Kilometern in die Bergwelt der Ryfylkeheiene ein und ist mit seinen bis zu 1000 Meter hohen Felswänden – am bekanntesten Prekestolen und Kjerag – eine Hauptsehenswürdigkeit Norwegens. Ob zu Fuß, auf dem Wasser oder kletternd: Nervenkitzel ist garantiert. Wer lieber ruhig alles von unten bestaunt, fährt mit dem Schiff durch den Fjord. Die Felskanzel Prekestolen stürzt auf drei Seiten senkrecht und in Überhängen 604 Meter zum Lysefjord ab, auf den sie eine fantastische Aussicht gewährt. Die relativ rasche Erreichbarkeit und die Mischung aus landschaftlicher Schönheit, Aussichtsreichtum und Nervenkitzel hat die 25 x 25 Meter große Granitkanzel zu einem der meistbesuchten Wanderziele Skandinaviens werden lassen. Ausgangspunkt der hin und zurück etwa vierstündigen Wanderung zum Prekestolen ist das Berghotel Prekestolhytta; es ist an der Reichsstraße 13 Ryfylkevegen in Jøssang südlich von Jørpeland ausgeschildert. Die Ferienstraße Ryfylkevegen erschließt die grandiose Fjord- und Bergwelt der norwegischen Westküste vom Lysefjord im Süden bis Odda am Sørfjord zwischen den Nationalparks Hardangervidda und Folgefonna.

Nationalpark Jostedalsbreen

Der Nationalpark Jostedalsbreen bildet den Kern des Breheimen (»Gletscherheim«), der westnorwegischen Hochgebirgs- und Gletscherlandschaft zwischen dem Jotunheimen-Gebirge und den inneren Ausläufern von Sogne- und Nordfjord. Alle Gletscher zusammen bedecken ein Gebiet von mehr als 800 km². Das Miteinander von Fjord und Fjell, von Eis und Almtälern macht Breheimen zu einer Landschaft herausragender Schönheit. Der Jostedalsbreen ist mit 480 km² der größte Gletscher Festlandeuropas. In alle Himmelsrichtungen entsendet er mehr als 50 Gletscherarme und -fälle, von denen der Brigsdalsbreen in Stryn auf der West- und der Nigardsbreen in Luster auf der Ostseite die Hauptanziehungspunkte sind. Der Nigardsbreen entwässert in den oberen Bereich des Jostedalen. Der Brigsdalsbreen in Stryn ist der bekannteste Gletscherarm auf der sonnigen Nordwestseite des Jostedalsbreen.

Folgefonna-Nationalpark

Die Folgefonna im westnorwegischen Hordaland ist der drittgrößte Gletscher Skandinaviens nach dem Jostedalsbreen im Breheimen und dem Svartisen in Nordland. Die 212 km² Eisfläche und ihre Umgebung stehen unter Naturschutz: ein überaus abwechslungsreiches Ensemble aus Fjell und Gletscherseen, Karen und fruchtbaren Tälern mit artenreichen Laubwäldern und forellenreichen Bergbächen sowie Badestränden am Meer. Die Parkanlagen beim Renaissanceschloss der Rosendal Baronie verdeutlichen, welch gesegnetes Klima im Westen der Halbinsel herrscht. Als Wander-, Skitouren-, Gletscherwander-, Bade-, Sonnenbade-, Mountainbiking- und Angelparadies bietet die Folgefonn-Halbinsel nahezu ganzjährig beste Möglichkeiten.

Bergen

Bergen am Byfjord ist neben Oslo das bedeutendste Wirtschafts- und Kulturzentrum Norwegens. Als Kulturerbe der Menschheit steht das historische Hafenviertel Bryggen unter dem Schutz der UNESCO. Der Marktplatz Torget ist einer der farbenprächtigsten und berühmtesten Skandinaviens, die in Bergen veranstalteten Festspiele melden alljährlich neue Besucherrekorde. Die von sieben Bergen überragte und fast allseits von der See umgebene Universitätsstadt ist Ausgangspunkt der Hurtigruten-Seereise ins nordnorwegische Kirkenes. Bei klarer Sicht lohnen Bergbahnfahrten auf den 642 Meter hohen Ulriken und den 320 Meter hohen Fløyen.

Nordkap

Das Nordkap ist der Magnet des Mittsommernachts-Tourismus. Zehntausende unternehmen auf den Europastraßen 6 und 69 die mehr als 2000 Kilometer lange Fahrt zur Insel Magerøya im nordnorwegischen Fylke Finnmark und erleben auf einem mit einer 307 Meter hohen Steilstufe in das Nordpolarmeer hinabstürzenden Felsplateau das mitternächtliche »Wunder«, dass die Sonne nicht untergeht. Auch für die meisten Hurtigruten-Passagiere steht das Nordkap ganz oben auf der Agenda.

1

2

Festivals & Events

Nordlystfestivalen in Tromsø
Das Nordlichtfestival in der Eismeerstadt Tromsø eröffnet Ende Januar den Reigen großer Musikfestivals in Norwegen. Die Anfangsjahre standen im Zeichen klassischer Musik, heute wird ein breites Spektrum von im weitesten Sinne klassischer Musik von Mozart bis Jan Garbarek geboten. *www.nordlysfestivalen.no*

Søttende Mai
Der Nationalfeiertag (nasjonaldag) am 17. Mai ist der große Frühjahrs- und Kinderfesttag in Norwegen. Festlich gekleidete, Fahnen schwingende Kinder ziehen durch die Orte, der größte »Kinderzug« bewegt sich in einem rot-weißen Fahnenmeer durch die Karl Johans gate, Oslos Prunk- und Paradestraße, zum Schloss. Der Tag erinnert an den 17. Mai 1814, als die norwegische Reichsversammlung in Eidsvoll eine Verfassung auf der Grundlage der Gewaltenteilung beschwor.

Syvfjellsturen in Bergen
Der Syvfjellsturen (Seven Mountains Walk) über die sieben Berge der Hansestadt Bergen ist die bedeutendste Volkswanderung Norwegens; sie hat Volksfestcharakter und ist auch ein Zeichen dafür, dass in den niedrigen Lagen der Berge der Frühling Einzug hält.

Festspillene i Bergen
Die Hansestadt Bergen, Geburtsstadt des Komponisten Edvard Grieg, genießt internationalen Ruf als Festspielstadt. Zehntausende von Besuchern aus aller Welt genießen alljährlich Ende Mai/Anfang Juni Opern, klassische Konzerte in der Grieghalle, Ballettinszenierungen und Theateraufführungen im Nationaltheater Den Nationale Scene.

Sankthans – Mittsommerfest
Sankthans ist das norwegische Mittsommerfest, in Westnorwegen wird es »Jonsok« genannt: Johannis-Nachtwache. Überall sind am 23. Juni tagsüber die Holzstöße zu sehen, die am Abend entzündet werden. Es ist ein Familien-, Kinder- und Nachbarschaftsfest, das je nach Region unterschiedlich begangen wird – an den Fjorden und an Seen steigen die Feiernden gern in Boote, in einigen Bergregionen wird die »Sankthans-Kuh« geschmückt. Allen gemeinsam sind die Alkoholfreiheit und das »Sankthansbål« genannte Johannisfeuer auf Hügeln und Bergen und an den Küsten.

Førde Folk Music Festival
Das Festival im westnorwegischen Førde am Sunnfjord ist das größte Folklore-, Folk- und Folkjazz-Musikfestival in Norwegen. Alljährlich im Juni bzw. Juli schlägt es rund 30000 Menschen in seinen Bann. Neben norwegischer Folklore hat es jeweils einen Länderschwerpunkt. *www.fordefestival.no*

Molde Jazz
Molde Jazz ist das älteste (seit 1961) und meistbesuchte Jazzfestival Norwegens. Ende Juli lockt die westnorwegische »Rosenstadt« Weltstars und Zehntausende von Besuchern an den Romsdalsfjord. Keith Jarrett, Phil Woods, Chick Corea, Herbie Hancock, Miles Davis, Dizzy Gillespie, Jan Garbarek und viele andere Jazzkünstler haben die Gäste vor der großartigen Kulisse des Romsdalsfjords ebenso in Bann geschlagen wie Bob Dylan, Eric Clapton, Paul Simon, Santana, Joe Cocker, Sting, Patti Smith usw. *www.moldejazz.no*

Stiklestad-Spiele
Im Nationalen Kulturzentrum Stiklestad in Trøndelag wird alljährlich um den 29. Juli das »Schauspiel vom heiligen Olav« aufgeführt, eine Dramatisierung der Schlacht bei Stiklestad (1030), die den Übergang von der vorchristlichen Wikingerzeit zum christlichen Mittelalter markiert.

Notodden Blues Festival
Das Notodden Blues Festival (NBF) ist das weltgrößte Festival dieser Musikrichtung. Veranstaltet wird es ca. Ende Juli bis Anfang August. *www.bluesfest.no*

Sildajazz
Zum »Heringsjazz« reisen alljährlich Mitte August viele Besucher mit Freizeitbooten ins westnorwegische Haugesund und ankern am inneren Kai. Der Name des Festivals rührt von der Entstehung Haugesunds als Handelspunkt der Fischer. *www.sildajazz.no*

Lussifest und Friedensnobelpreisverleihung
Das Lussifest ist ein die Wintersonnenwende symbolisierendes Lichterfest am 13. Dezember. Jede Familie, jede Gemeinde und jede Stadt, auch die Schulen und viele Betriebe haben ihre »Lussibraut«. Auch die Nobelpreisträger werden am Morgen der Verleihung von weiß gekleideten Lussibräuten geweckt.

1 *Freundlich bietet das Mädchen auf dem Fischmarkt von Bergen seine Ware an.* – 2 *Traditionell werden die Holzhäuser falunrot gestrichen, wie dieses bei Hopperstad.* – 3 *Preiselbeeren und Rentierflechten sind typische Pflanzen im Fjell.*

Zeittafel

Um 872 Durch den Sieg in der Wikingerschlacht im Hafrsfjord bei Stavanger wird König Harald Schönhaar aus der Ynglinge-Dynastie der erste »Reichssammler« (Reichsgründer) Norwegens, das bis dahin aus zahlreichen kleinen Herrschaften bestanden hat. Unter der Herrschaft der Ynglinge-Wikingerkönige erlebt Norwegen seine größte territoriale Ausbreitung.

997 Der in England getaufte »Missionskönig« Olav I. Tryggvason beginnt die Christianisierung Norwegens. 997 gründet er den Königshof Nidarnes (Trondheim) und lässt hier ein Missionszentrum errichten.

1030 In der Schlacht von Stiklestad fällt König Olav II. der Heilige im Kampf gegen germanische Bauern, die im Bund mit den Dänen stehen. Olav wird zur Symbolfigur für ein geeintes, von ausländischer Herrschaft freies, christliches Norwegen.

um 1130 In Urnes am Lustrafjord wird die älteste erhaltene Stabkirche errichtet.

um 1343 Bergen gerät unter die Herrschaft der Hanse, die den Handel an der Westküste monopolisiert.

1380 Nach dem Tod des norwegischen Königs Håkon VI. wird dessen Sohn Olav IV. Håkonsson, der seit 1375 bereits König von Dänemark ist, auch König von Norwegen; damit beginnt die bis 1814 dauernde Personalunion der Königreiche Dänemark und Norwegen. Island ist ebenso ein Teil dieser Union wie Grönland.

1537 Mit der Einführung der Reformation verliert Norwegen seine Selbstständigkeit. König Christian III. von Dänemark verfügt die Enteignung aller Kirchengüter und errichtet eine der Herrschaft des Königs unterstellte lutherische »Staatskirche«. Norwegen verliert seinen Status als Königreich und wird eine dänische Provinz.

1624 Nach der Entdeckung von Silbererzminen 1624 steigt Kongsberg binnen eines Jahrhunderts zur zweitgrößten Stadt Norwegens auf. Der Bergbau – in Røros beginnt er 1644 – trägt wesentlich zum wirtschaftlichen Wiedererstarken Norwegens bei.

1811 Durch Reskript des dänischen Königs Frederik VI. wird die Universität Oslo (Universitas Osloensis) gegründet, die erste Universität in Norwegen.

1814 Die Geschichte des selbstständigen Norwegen als demokratischer Staat mit monarchischem Staatsoberhaupt beginnt am 17. Mai, als die Reichsversammlung von Eidsvoll die bis heute gültige Verfassung beschwört; der 17. Mai ist Nationalfeiertag. Norwegen und das Königreich Schweden gehen eine Union ein, Schweden respektiert jedoch die Eidsvoll-Verfassung, Norwegen bleibt im Rahmen der Union autonom.

1901 Als erster Staat Europas führt Norwegen das Kommunalwahlrecht auch für Frauen ein. Steuern zahlende Männer und Frauen erhalten ab dem 25. Lebensjahr das kommunale Stimmrecht.

1901 Am 10. Dezember, dem fünften Todestag des schwedischen Industriellen Alfred Nobel, werden in Stockholm und Christiania (Oslo) erstmals die Nobelpreise verliehen. Die Verleihung des Friedensnobelpreises in Oslo wird auch beibehalten, als Norwegen 1905 die staatliche Unabhängigkeit von Schweden erringt.

1905 In einer Volksabstimmung votieren 99,9 % der Norweger für die Unabhängigkeit von Schweden und wählen Haakon VII. zum König.

1940 Die Besetzung durch Truppen des nationalsozialistischen Deutschland ist eines der einschneidendsten Ereignisse in der Geschichte Norwegens.

1942 »Reichskommissar« Josef Terboven bietet dem Führer der faschistischen »Nasjonal Samling«, Vidkun Quisling, das Amt des Ministerpräsidenten an, das er bis 1945 ausübt. Durch Deportationen, Massenerschießungen und Konzentrationslager versucht die Besatzungsmacht vergebens, die Widerstandsbewegungen zu unterdrücken.

1945 Am 13. Mai trifft Kronprinz Olav unter dem Jubel der Bevölkerung in Oslo ein, am 7. Juni kehrt auch König Haakon VII. aus dem Exil in London zurück.

1946 Der norwegische Außenminister Trygve Lie wird erster Generalsekretär der 1945 gegründeten Vereinten Nationen.

1949 Norwegen ist Gründungsmitglied des Nordatlantikbündnisses NATO.

1971 Mit der Eröffnung des Ekofisk-Felds beginnt die Offshore-Erdölförderung im norwegischen Nordseesockel, ab 1977 ergänzt durch die Erdgasförderung. Förderung, Produktion, Transport und Vermarktung von Öl und Naturgas werden ein bedeutender Wirtschaftszweig.

1994 Zum zweiten Mal nach 1972 lehnen die Norweger in einer Volksabstimmung den Beitritt des Landes zur EU ab.

2011 Massaker auf der Ferieninsel Utøya, wo ein als Polizist getarnter rechtsradikaler Einzeltäter 69 Teilnehmer eines sozialdemokratischen Jugendcamps erschießt, nachdem er im Osloer Regierungsviertel Bomben gezündet hatte

1

2

Übernachten & Genießen

Oslo und Østlandet

Übernachten

Rica Victoria Oslo
Das Rica Victoria ist eine absolut erstklassige Adresse, zu finden nur wenige Gehminuten vom Parlament, der Karl Johansgate und dem Rathaus sowie der belebten Aker Brygge entfernt.
Rosenkrantzgate 13, 0121 Oslo, Tel 47-24147000, www.rica.no

Gjendesheim im Heim der Riesen
Gjendesheim am smaragdgrünen See Gjende ist der beliebteste Ausgangspunkt für Unternehmungen im Nationalpark Jotunheimen und das Flaggschiff unter den Berghotels des nationalen Wander- und Bergsportvereins DNT.
2684 Vågå, Tel +47-61238910, www.gjendesheim.no

Furuhaugli im Dovrefjell
Die Bergherberge Furuhaugli ist als »ökologischer Leuchtturm« eine rustikale Topadresse auf 1007 m Höhe, am Rand des Nationalparks Dovrefjell gelegen.
2660 Dombås, Tel +47-61240000, www.furuhaugli.de

Genießen

Bagatelle – Haute Cuisine in Oslo
Das Bagatelle in der Bygdøy Allé 3 in Westoslo ist Norwegens bekanntestes Gourmet-Restaurant, seit Eyvind Hellstrom 1993 zum ersten Zwei-Sterne-Koch des Landes gekürt wurde.
Bygdøy Allé 3, 0257 Oslo, Tel +47-22444040, www.bagatelle.no

Feinschmecker – Nomen est omen
Elegantes Spitzenrestaurant mit legendärem Ruf.
Frogner Balchens gate 5, 0265 Oslo, Tel +47-22129380, www.feinschmecker.no

Le Canard – Ente unter Barocklüstern
Norwegische Fischspezialitäten und französische Enten-Gerichte werden hier unter Kronleuchtern und zwischen Barockgemälden serviert.
President Harbitz gate 4, 0259 Oslo, Tel +47-22543400, www.lecanard.no

Restaurant Oscarsgate
Kleines Haus mit intimer Atmosphäre, michelinprämiert vom A-la-Carte- bis zum Acht-Gänge-Menü.
Oscarsgate 2 (Zugang über Pilestredet 63), 0350 Oslo, Tel +47-22465906, www.restaurantoscarsgate.no

Statholdergaarden – frisch aus Norwegen
Feinschmeckermenüs mit sechs Gängen, liebevoll zubereitet aus frischen norwegischen Zutaten der Saison.
Rådhusgaten 11, 0151 Oslo, Tel +47-22418800, www.statholdergaarden.no

Sørlandet und Telemark

Übernachten

Märchenschloss Dalen
Das Dalen am nördlichen Ende des Telemarkkanals ist mit seiner fantasievollen Architektur aus Drachenköpfen, Türmen und Balkonen seit den 1890er Jahre das gediegen luxuriöse »Märchenschloss« schlechthin unter den Hotels in Telemark.
Postboks 54, 3886 Dalen i Telemark, Tel +47-35079000, www.dalenhotel.no

Weiße Victoria-Idylle in Kragerø
Das idyllische Victoria im Herzen der Hafenstadt Kragerø wartet mit der charakteristischen weißen Architektur der 1880er Jahre auf.
P A Heuchs gate 31, 3770 Kragerø, Tel +47-35987525, www.victoria-kragero.no

Genießen

Tuddal am Gaustatoppen
Das Tuddal Høyfjellshotel in der Gemeinde Hjartdal wartet mit einem der exquisitesten Restaurants in Telemark auf; die Zutaten für alle Speisen hier liefern Ökobetriebe.
3697 Tuddal, Tel +47-35028888, www.tuddal.no

Vestlandet

Übernachten

Union Øye – glanzvolles Basislager am Norangsfjord
Im Union Øye am Norangsfjord in Sunnmøre stiegen Kaiser Wilhelm II. und viele andere prominente Gipfel- und Fjordbegeisterte ab.
Øye, 6196 Norangsfjorden Ørsta, Tel +47-70062100, www.unionoye.no

Kviknes – Kaiserherberge am Sognefjord
Das Kviknes in Balestrand am Sognefjord ist eines der renommiertesten und luxuriösesten Holzhotels in Norwegen. Auf

3

1 *Die Samen trinken noch aus traditionellen Gefäßen.* – 2 *Wie die Fischerhütten sind auch die Postkästen in Reine auf den Lofoten auf Pfählen gebaut.* – 3 *Rømmergrøt, Grütze aus fettem Sauerrahm und Mehl, ist eine traditionelle Speise in Norwegen.*

der Unterseite eines Stuhls im Gesellschaftszimmer zeugt eine Inschrift von der überstürzten letzten Abreise von Kaiser Wilhelm 1914.
Kviknevegen 8, 6898 Balestrand, Tel +47-57694200, www.kviknes.no

Admiral am Welterbehafen in Bergen
Das Clarion Admiral besticht durch die exzellente Lage am Weltkulturerbe-Hafen im Herzen von Bergen. Frühstück mit Blick auf die Bryggen, Markt nur drei Gehminuten entfernt.
C. Sundtsgate 9, 5004 Bergen, Tel +47-55236400, www.clarionadmiral.com

Scandic – Mit Meerblick in Ålesund
Sauna, Fitnessräume, Blick aufs Wasser: Das Scandic Ålesund hat ein exquisites Innenleben.
Molovegen 6, 6001 Ålesund, Tel +47-21614500, www.scandichotels.com

Genießen
Öko-Backwerkstatt
Für den kleinen Hunger zwischendurch sind die Filialen der ökologischen Backwerkstatt (Bakeverksted) Gutes Brot bestens zu empfehlen. In Bergen gibt es drei. Weitere Filialen sind in Oslo, Asker, Stavanger und Trondheim.
Vetrlidsallmenning 19, 5018 Bergen, Tel +47-99528242, www.bakeverksted.no

Trøndelag

Übernachten
Architektonisches Juwel in Trondheim
Das Radisson Blu Royal Garden Hotel liegt wunderschön in der Altstadt am Fluss Nidelva; Parkettböden.
Kjøpmannsgata 73, 7010 Trondheim, Tel +47-73803000, www.radissonblu.de

Sandstrand-Resort auf Stokkøya
Das für seine fantasievoll-individuelle Raumgestaltung an einem der schönsten Sandstrände Mittelnorwegens bekannte Stokkøya Sjøsenter liegt im Westen der Insel Stokkøya, die aus dem legendären Stokksund aufragt.
Hosnasanden, 7178 Stokkøy, Tel +47-72534328, www.stokkoy.no

Genießen
Fünf Tische in Trondheim
Das Fem Bord serviert norwegische und skandinavische Küche und gilt als Trondheims bestes Restaurant.
Dronningensgate 37, 7012 Trondheim, Tel +47-45488889, www.fembord.no

Der Norden

Übernachten
Rorbuer – Tradition der Lofotfischer
1120 ließ König Øystein I. Magnusson die ersten »Rorbuden« errichten. Sie mussten während der Wintermonate beheizbar sein und dienten als Unterkünfte für die Fischer, die von Januar bis April auf Dorschfang gingen. »Rorbu« heißen diese rot gestrichenen Hütten bis heute, ihre Ausstattung entspricht modernen touristischen Standards.

Eishotel Kirkenes
Das Kirkenes Snowhotel wird bei Einbruch des Winters vor den Toren der Stadt im Rentier-Safaripark Gabba stilvoll errichtet und taut im April wieder ab. Schneesuiten und Gänge sind ebenso in Kerzenlicht getaucht wie Rezeption und Eisbar, auf den Schneebänken und -betten liegen Felle, genächtigt wird im Thermoschlafsack.
9915 Kirkenes, Tel +47-78970540, www.kirkenessnowhotel.com

Genießen
Geschmack in Bodø
Das Á-la-carte-Restaurant »Smak« (Geschmack) bereitet aus den besten lokalen Zutaten unvergessliche Menüs.
Dronningensgate 26, 8006 Bodø, +47-45231100, www.restaurant-smak.no

Emmas Traumküche
Emmas Drømmekjøkken mit norwegischen Fischgerichten und internationalen Versuchungen ist die »Traumküche« der Eismeerkapitale Tromsø.
Kirkegata 8, 9008 Tromsø, Tel +47-77637730, www.emmasdrommekjokken.no

Zum Kaffee auf die Hurtigrute
In allen Häfen, in denen die Hurtigruten-Schiffe länger als 15 Minuten am Kai liegen, kann jeder als Besucher an Bord kommen; man erhält einen elektronischen Besucherausweis. Dies nutzen insbesondere Einheimische, die sich in einem der Cafés an Bord treffen, Kaffee trinken oder essen und nach der entsprechenden Ansage das Schiff wieder verlassen.

1

2

Norwegen von A bis Z

Anreise

Oslo Gardermoen ist der größte internationale Flughafen Norwegens. Der Hochgeschwindigkeitszug Flytoget verbindet ihn im 10-Minuten-Takt mit dem 64 km entfernten Hauptbahnhof Oslo, Fahrzeit 20 Minuten.
Der Flughafen Flesland bei Bergen wird ebenfalls international angeflogen. Bergen-Oslo liegt auf Rang 7 der meistgeflogenen Strecken Europas.
Für die Anfahrt nach Norwegen mit dem Auto stehen zahlreiche Fährrouten zur Verfügung, Reservierung auch in der Nebensaison zu empfehlen.
Color Line ist die wichtigste Reederei, sie bedient die Linien Kiel – Oslo, Hirtshals – Cristiansand, Hirtshals – Oslo, Hirtshals – Larvik und Frederikshavn – Larvik. Color Line, Norwegenkai, 24143 Kiel, Tel 0431-7300100, Internet www.colorline.de

Apotheken

Es gibt kein Medikament, das in einer norwegischen Apotheke (apotek) ohne Rezept erhältlich ist; dies gilt selbst für Aspirin. Wer auf Medikamente angewiesen ist, sollte sich diese mitnehmen.

Ärzte

Die flächendeckende ärztliche Versorgung hat in Norwegen ein hohes Niveau, die Patienten müssen einen Teil der Behandlung (beim Zahnarzt die gesamte Behandlung) selbst bezahlen. An den Straßen ausgeschildert ist jeweils die lokale »Legevakt« als Anlaufstelle, Krankenhäuser sind als »sykehus« ausgeschildert; die Apotheke heißt »apotek«.

Auskunft

Informationsmaterial verschickt das Norwegische Fremdenverkehrsamt, Postfach 76 08 20, D-22058 Hamburg, Internet www.visitnorway.de und visitnorway.com

Ausrüstung

Die Ausrüstung für Reisen in Norwegen unterscheidet sich prinzipiell nicht von der Ausrüstung für Reisen in den Alpenregionen Deutschlands, Österreichs und der Schweiz.

Diplomatische Vertretungen

Deutsche Botschaft, Oscarsgate 45, 0258 Oslo, Tel +47-23275400.
Österreichische Botschaft, Thomas Heftyes Gate 19-21, 0244 Oslo, Tel +47-22552348.
Schweizer Botschaft, Bygdøy Allé, 0268 Oslo 2, Tel +47-22430590.

Einreise

Norwegen ist Schengen-Staat, gleichwohl wird angesichts der internationalen Gefährdungslage gründlich kontrolliert. Der Legitimation dienen der Personalausweis oder Reisepass, der nach Beendigung der Reise noch mindestens drei Monate gültig ist. Kinder unter 16 Jahren benötigen einen Kinderausweis (ab zehn Jahren: mit Foto). Kraftfahrer benötigen zusätzlich den Führer- und den Kfz-Schein.

Essen

Die norwegische Küche steht zu Unrecht im Ruf, langweilig und fantasielos zu sein. Wer einmal mit der Hurtigrute nach Kirkenes und zurück gefahren ist, wird auch vom Essen schwärmen. Die traditionelle norwegische Küche basiert auf den Erzeugnissen des Landes: frische Kräuter und Gemüse, fangfrischer Fisch, Fleisch (Hammel, Elch, Ren), Milchprodukte mit kräftigem Aroma; zur Suppe wird traditionell dünnes Fladenbrot (flatbrød) gereicht. Traditionell spielten auch Grütze und Brei eine große Rolle, so Rømmegrøt aus fettem Sauerrahm und Mehl. Die aus Amerika eingewanderten Kartoffeln (poteter) sind eine eher junge Zutat.
Die Suppen waren ursprünglich als Hauptgerichte gedacht und sind entsprechend gehaltvoll. Am bekanntesten sind Bergenser Fischsuppe (bergensk fiskesuppe) mit jungem Seelachs sowie Sørlandssuppe mit Lauch, Sellerie, Garnelen, Muscheln usw. Ein Festessen ist Trondheimer Hammelsuppe (Trøndersodd) mit Lammfleischklößchen (soddboller). Eine herzhafte Frühlingssuppe ist Grüne Suppe (grønn suppe) aus wild wachsenden Kräutern. Die saisonale Abstimmung der Gerichte gilt auch für die Nachspeisen. Rhabarber bildet die Grundzutat des erfrischenden »Nationaldesserts«, das mit Backpflaumen in Vanillecreme genossen wird. Weitere traditionelle Desserts sind Pfannkuchen (pannekaker), saisonal als Heidelbeerpfannkuchen (blåbærpannekaker), und Trollcreme (trollkrem) mit Preiselbeeren.

1 *Wollgras, eine Charakterpflanze im Fjell, verwandelt die Wiesen in Märchenlandschaften.* – 2 *Der Atlanterhavsveien führt über mehrere kleine Inseln.* – 3 *Preiselbeeren gehören zu den typischen Pflanzen in Norwegen.*

Feiertage

Feiertage entsprechen meist dem lutherischen Kirchenjahr: Gründonnerstag (skjærtorsdag), Karfreitag (langfredag), Ostermontag (annen påskedag), Christi Himmelfahrt (Kristi Himmelfartsdag), Pfingstmontag (annen pinsedag) und erster und zweiter Weihnachtsfeiertag (første und annen juledag). Hinzu kommen Neujahr (nyttår), der 1. Mai (første mai) und der Nationalfeiertag (nasjonaldag) am 17. Mai (søttende mai).

Geografie

Mit 386 958 km² ist Norwegen etwas größer als Deutschland; zum Staatsgebiet gehören u. a. Jan Mayen (380 km²) und Spitzbergen (39.368 km²). Der Nord-Süd-Erstreckung des Festlands von 1752 km steht eine größte West-Ost-Ausdehnung von 430 km gegenüber. An seiner schmalsten Stelle bei Narvik ist das Land nur 6,3 km breit. Lindesnes, der südlichste Punkt des norwegischen Festlands, liegt auf 57°58 nördlicher Breite, Hammerfest, die nördlichste Stadt Europas, liegt auf 70°38, und am Knivskjellodden (nicht am Nordkap) erreicht Europa mit 71°11 08 seinen nördlichsten Punkt. Die durch Fjorde und Buchten reich gegliederte Küste hat eine Länge von 21 340 km (ohne Buchten und Fjorde 2650 km). Die Mjøsa als größter Binnensee ist mit 368 km² deutlich kleiner als der Bodensee; längster und wasserreichster Fluss ist die Glomma, die nach 598 km bei Fredrikstad in den Oslofjord mündet. Der Galdhøpiggen markiert mit 2469 m die höchste Erhebung.

Lage

Norwegen liegt im Westen der Skandinavischen Halbinsel zu beiden Seiten des Polarkreises. Im Süden grenzt das Land an den Skagerrak und die Nordsee (Nordsjøen), im Westen an das Europäische Nordmeer (Norskehavet) und im Norden an das Nördliche Eismeer (Nordishavet). Landgrenzen bestehen von Nord nach Süd mit Russland (196 km), Finnland (727 km) und Schweden (1619 km).

Notrufe

In Norwegen gelten folgende einheitlichen Notrufnummern: Feuerwehr 110, Polizei 112, Krankenwagen 113.

Öffnungszeiten

In Norwegen gibt es kein Ladenschlussgesetz. Als Faustregel kann gelten, dass Banken um 15 Uhr schließen und Geschäfte um 16 Uhr. In Städten und stadtähnlichen Siedlungen haben einige Geschäfte und Kaufhäuser bis 20 oder 21 Uhr geöffnet.

Radfahren

Der Rallarvegen, das weit verzweigte Trollsykling-Routennetz, die Sicherungswege längs des Telemarkkanals und der Nordseeküsten-Radweg sind die bedeutendsten Radrouten in Südnorwegen. Als Mountainbikerouten werden zudem die Almwege genutzt, die als Mautwege zu Wandervereins-Hütten (z. B. am Jotunheim- oder am Rondanestien) oder für den öffentlichen Verkehr gesperrt zu autofreien Bergherbergen (z. B. Rondvassbu, Bjørnhollia, Glitterheim und Breisjøseter) führen.

Rafting und Kanu

Die populärsten Rafting-Gewässer Südnorwegens sind die Sjoa am Ostrand des Jotunheimen-Gebirges, die Otra im Setesdal und die im Femundsee (Kanuwandern) entspringende Trysilelva in Hedmark. Das Wassersportparadies vor dem unteren Setesdal ist der 50 km lange Byglandsfjord mit Raftingzentrum. Eine beliebte Kanuwanderstrecke ist der seen- und schleusenreiche Telemarkskanal.

Reisen im Land

Norwegen verfügt über ein sehr gut ausgebautes Straßen-, Eisenbahn-, Flugzeug-, Fähr- und Busnetz. Mautstellen (bomstasjon bzw. toll plaza) sind relativ häufig, da aufwendige Straßen- und Tunnelprojekte zunehmend privat finanziert werden; bezahlt wird bar oder mit Kreditkarte.

Saison

Die Osterferien sind die Hauptsaison für Skiwanderer. Sämtliche Hütten sind dann überbelegt. Die Kirschblüte in Hardanger, der Nationalfeiertag am 17. Mai und der Seven-Mountain-Walk in Bergen signalisieren, dass in den unteren und westküstennahen Lagen der Frühling eingezogen ist. Mit der in den Tälern als ausgelassenes Fest begangenen Mittsommernacht beginnen die

1

2

Norwegen von A bis Z

Schul- und Werksferien, die bis etwa Mitte August dauern. Je nach Witterung können sich bis weit in den Juli in Lagen ab 1000 Meter große Schneereste halten, und während der Schneeschmelze sind Wanderungen unmöglich. Individualisten wissen die spätsommerliche Nachsaison ab Mitte August zu schätzen. Es ist relativ trocken, die Hütten sind nicht mehr überbelegt, und mit den Schneeresten sind auch die Mücken verschwunden. Am malerischsten ist der lichtintensive, farbenprächtige September, in dem nachts die Temperaturen nicht selten wieder unter 0°C sinken und Schnee fallen kann. Im Oktober fällt in den Bergen Schnee, während sich in Oslo und anderen Küstenlagen ein goldener Spätherbst mit klarem, wunderbarem Licht erleben lässt.
Danach werden die Tage rasch kürzer, die Zeit der Stürme und der winterlichen Lichterfeste beginnt: Weiß gekleidete »Lussibräute« wecken am 10. Dezember die Friedensnobelpreisträger zur Preisverleihung in Oslo, in der Nacht auf den 13. Dezember findet das eigentliche Lussifest statt, eines der schönsten Lichterfeste des Nordens. In den tiefsten Mittwinternächten wird das Lichter- und Friedensfest Jul gefeiert. In diesem Fest, das seinen alten Namen in ganz Skandinavien behalten hat, verbinden sich germanische Traditionen mit dem christlichen Weihnachten. Nach Jul werden die Tage wieder länger, und schon im eisklirrenden Februar sind sie so lang, dass man wieder Ski- und Hundeschlittentouren im Fjell unternehmen kann.

Souvenirs

Hochwertige Woll-, Web- und Strickwaren sind neben Glas- und Zinnprodukten und Fellen (Rentier, Schaf) die beliebtesten Norwegen-Souvenirs. Beachtenswert ist ferner die hochwertige Outdoor-Ausrüstung bekannter skandinavischer Hersteller, die in Norwegen zum Teil preiswerter als in Deutschland angeboten wird.

Sprachen

Bokmål, Nynorsk und Samisch sind die drei offiziellen Sprachen Norwegens (vgl. Kapitel »Union und Zweisprachigkeit«). Englisch wird von fast allen, Deutsch ebenfalls von vielen verstanden und gut gesprochen.

Telekommunikation

Norwegen gehört zu den Ländern, in denen die Mobiltelefonie und die Verbreitung von Handys am weitesten fortgeschritten ist. Die Netzabdeckung ist normalerweise gut, in abgelegenen Tälern und Berggebieten kann man sich jedoch nicht auf Netzverfügbarkeit verlassen. Bei Smartphones und smartphoneabhängigen Command-Online-Systemen in Autos ist darauf zu achten, dass unter Umständen horrende Roaminggebühren anfallen (die im klassischen GPS-Betrieb ohne Command-Online nicht anfallen); diese können umgangen werden, indem die Sim-Card eines norwegischen Anbieters verwendet wird. Der mit Abstand größte Anbieter ist Telenor: www.telenor.no

Unterkunft

Standardunterkunft ist in Norwegen nicht das Hotel, sondern die »Hytte«, das in Holz erbaute Châlet. Das Schild »rom« verweist auf ein Zimmer in einem Privathaus. Hotels haben in Norwegen eine Tradition als Luxuseinrichtung, die überwiegend von wohlhabenden Ausländern (Deutschen und Briten) genutzt wird. Die Bezeichnung »Hotel« signalisiert den Anpassungswillen der Gastgeber an internationale Etikette, die »hytte« hingegen steht für die individualistische einheimische Tradition: Man hat seine Ruhe, muss aber selbst kochen. Größe und Ausstattung der Châlets variieren beträchtlich. Die Wochenpreise für eine komfortable »feriehytte« beginnen derzeit in der Hauptsaison bei ca. 1000 Euro, für weniger gut ausgestattete Hytter, die man auf der Reise für eine oder zwei Nächte auf Campingplätzen oder Bauernhöfen benutzt, sollte man pro Tag ca. 50 Euro und in Stadtnähe mindestens 60 Euro veranschlagen. Die »feriehytter« sind derart begehrt, dass man spätestens im Herbst für den kommenden Sommer buchen sollte, für die »normalen« Hytter auf Campingplätzen und Bauernhöfen ist hingegen meist keine Voranmeldung erforderlich, zumindest in der Nebensaison.
Die meistgenutzte Low-Budget-Variante ist das Zelt, das auf einem Campingplatz oder »draußen« aufgestellt wird. Der Allemannsretten (Jedermannsrecht) gestattet es allen, in der Utmark (unkultiviertes Land)

3

1 *Mitte Januar bis April ist Hauptsaison für die Lofotenfischerei im Vestfjord.* – 2 *Die Lofotenfischer haben ihr Handwerk über Generationen weitergegeben.* – 3 *Gravlachs, Räucherlachs mit Dill, wird in vielen norwegischen Lokalen serviert.*

zu zelten, sofern dies rücksichtsvoll gegenüber der Natur geschieht. Für naturverbundene Wanderer und Trekker bildet der Allemannsretten die Voraussetzung für preiswerte Bergfahrten: Man wandert mit Zelt und kann es überall aufstellen, wo dies nicht durch Hinweisschilder verboten ist. Das Jedermannsrecht ist in den letzten Jahren von Automobilisten erheblich missbraucht worden. In der Hauptsaison entstanden in einigen Tälern regelrecht wilde Wohngassen mit entsprechendem Müllanfall. Dieser Missbrauch und die Vermüllung wunderschöner Landschaft hat zur vermehrten Aufstellung von Verbotsschildern geführt: camping forbudt = Campen verboten; telting forbudt = Zelten verboten.
Die Tradition der Hütten geht auf bäuerliche Almhütten (hytte oder seter) zurück bzw. auf Fischer-»Buden« (bu), mit denen die heutigen »Hütten« oder »Buden« außer dem Namen und der Lage nur wenig gemein haben: Die Rorbu (Rudererbuden) genannten ehemaligen Fischerhütten auf den Lofoten zählen zu den begehrtesten Ferienunterkünften; die ehemalige »Fischerbude« Rondvassbu im Nationalpark Rondane ist faktisch ein Berghotel, das Gleiche gilt für die einstigen »Buden« Memurubu und Gjendebu am See Gjende im Jotunheimen-Gebirge.
Bei Wanderungen in Norwegen stehen drei Kategorien von »Hytter« des Bergvereins DNT bzw. lokaler Wandervereine zur Übernachtung zur Verfügung. Bewirtschaftete Hütten (betjente hytter) sind allen zugänglich; der Standard reicht vom Berg- und Sporthotel bis zum idyllisch abgelegenen, mit öffentlichen Verkehrsmitteln nicht erreichbaren Berggasthof. Selbstbedienungshütten (selvbetjeningshytter) sind mit dem DNT-Standardschloss verschlossen bzw. sind offen, sofern sie im Sommer eine Hüttenwacht haben. Den Generalschlüssel (nøkkel) für die verschlossenen Hütten erhalten – gegen Hinterlegung einer Kaution – ausschließlich Mitglieder des DNT bzw. der ihm angeschlossenen Unterorganisationen beim DNT-Büro in Oslo und in den bewirtschafteten Hütten. Die Selbstbedienungshütten sind zwar verproviantiert, aber die Lebensmittel sind teuer. Die »Selbstbedienung« beruht auf dem Prinzip der Ehrlichkeit: Die Kosten für Übernachtung und entnommenen Proviant werden eigenständig in die Hüttenkasse gezahlt. Zum Prinzip der »Selbstbedienung« gehören auch Aufräumarbeiten wie Spülen, Stube fegen und eventuell Brennholz hacken.
Unbewirtschaftete Hütten (ubetjente hytter) unterscheiden sich von den Selbstbedienungshütten dadurch, dass sie nicht verproviantiert sind; der Proviant muss selbst mitgenommen werden. Pro Kopf sollte man auf Wanderungen mindestens 100 Euro je Hütten Übernachtung einschließlich Abendessen, Frühstück und Thermoskannenfüllung veranschlagen.

Wappen

Das norwegische Wappen zeigt auf einem Schild in Rot einen goldenen Löwen, der die Streitaxt des Nationalheiligen Olav hält; über dem Schild ist die norwegische Königskrone dargestellt.

Zahlungsmittel

Währungseinheit ist die Norwegische Krone (NOK) à 100 Øre. Obwohl fast alle Dienstleister, Geschäfte und Unternehmen (Taxis, Hotels, Fähren, Supermärkte usw.) Kreditkarten akzeptieren, ist das Mitführen einer Sockelsumme in norwegischen Kronen durchaus empfehlenswert, da nicht alle Mautstellen mit elektronischen Schranken und Kreditkartenautomaten ausgerüstet sind und auch die mobilen Geräte der »Schaffner« auf den Autofähren nur bestimmte Varianten der großen Kreditkarten akzeptieren. Bargeld gibt es an der »Minibank«: Fast jedes Geldinstitut hat einen Geldautomaten, der nach Einführen der Euroscheckkarte und Eintippen der PIN den gewünschten Betrag ausgibt. Stellen Sie sich sicherheitshalber darauf ein, dass die Geldautomaten nur während der Banköffnungszeiten funktionieren.

Zoll

Die nicht zu verzollende Einfuhr von Alkohol beschränkt sich pro Kopf auf zwei Liter Bier plus 2 Liter Wein (oder: 1 Liter Wein + 1 Liter Spirituosen); ferner dürfen 200 Zigaretten oder 250 g anderer Tabakwaren eingeführt werden. Der Import von Fleisch (außer in Dosen) ist grundsätzlich verboten.

1

2

Register

1 *Nicht nur Fischer haben ihre eigenen Boote in Kragerø.* – 2 *Der Geirangerfjord ist zu jeder Tageszeit wunderschön.* – 3 *Auf der Lofoteninsel Flakstadøya herrscht immer wieder nebliges Wetter. Das rote Holzhäuschen leuchtet aber noch kräftig in der Sonne.*

Impressum

Die Fotografen

Martin Schulte-Kellinghaus lebt seit 30 Jahren in der Region am Oberrhein. Er studierte Naturwissenschaften in Freiburg, arbeitete als Pädagoge in Rheinfelden/Baden und ist heute Berufsfotograf für Zeitungen, Agenturen und Verlage. Zusammen mit Erich Spiegelhalter veranstaltete er regelmäßig Multimedia-Shows über die schönsten Regionen dieser Erde.

Erich Spiegelhalter fotografiert für Bücher, Kalender, Zeitschriften und Fotoagenturen. Seit mehr als zehn Jahren reist er durch Europa, Nordamerika und Neuseeland und hat auf seinen Reisen überwältigendes Bildmaterial gesammelt. Seine Bilder sind überzeugende Liebeserklärungen an die bereisten Gebiete.

Der Autor

Bernhard Pollmann ist freier Autor mit den Schwerpunkten Geschichte, Natur und Kultur Nordeuropas. Er publizierte schon mehr als 20 Führer über Gebiete in Deutschland, Skandinavien, Frankreich, Tschechien und Polen und zählt zu den Experten hinsichtlich der Lande zwischen Alpen und Nordmeer.

Bildnachweis

Alle Bilder stammen von Erich Spiegelhalter und Martin Schulte-Kellinghaus, außer:
Fritz Dressler, Worpswede: S.2/3, 8/9, 12/13, 18/19, 20/21, 28 u., 35 o., 37 u., 39, 42 o., 42 u., 43, 46, 47 o., 49, 50, 51 u., 53, 56, 57 u., 58, 59, 62/63, 65 u., 66 o., 70 u., 86 o., 89 u., 99 o., 104 u., 105 u., 111 u.;
Fotolia (www.fotolia.de): S. 67 M. (crazy82), 136 (Ica), 5 (Klingebiel, J.), 79 u.l. (Lotharingia), 85 (PHB.cz), 91 u. (Sandoy, J.), 130 o. (Tomfry);
Axel M. Mosler, Dortmund: S. 57 o., 125 u.l., 127 o., 127 u., 137 o., 138 o.;
Picture Alliance, Frankfurt a.M.: S. 109, 115 o., 158/159 (Arco Images GmbH), 95 u.r. (Bibliographisches Institut), 115 u. (Cumming, R.), 130 u. (dpa), 71, 83, 89 o., 128 u. (Dumont Bildarchiv), 90 o., 154 l. (Lonely Planet Images), 87 (Okapia);
Bernhard Pollmann: S. 60;
Shutterstock (www.shutterstock.com): S. 23 (agrosse), 105 o. (Andrushko, G.), 138 u. (Bogdan, H.), 29 (Clara), 14/15 (crazy82), 24 u. (Daniil, K.), 78, 79 o. (del Castillo, A.), 134 (Eleonoracerna), 67 o. (Espen E), 110 (Frontpage), 67 u. (gary718), 145 r. (Gibasiewicz, A.), 24 o. (Gruene, S.), 75 M. (Hooijer, G.), 108 u. (Joergensen, K.), 113 u. (kavring), 99 M.r. (Laila R), 99 u.r., 99 u.l. (Nightman1965), 104 o. (Poendl, P.), 141 o. (Rolf_52), 150/151 (Tetyana, K.), 48 (TTphoto), 65 o. (PHB.cz), 74 (YellowSummer),

Umschlag

Vorderseite: Norwegens wohl berühmtester Fjord: das UNESCO-Welterbe Geirangerfjord (Picture Alliance/Okapia)
Rückseite: Häuschen am Oslofjord (Shutterstock/crazy82)
S 2/3: Die weißen Häuser und Freizeitboote in Risør vermitteln südländisches Flair
S. 5: Ein Elch beim Baden.
S 6/7: Am Sognefjellsvegen, der durch den Nationalpark Jotunheimen führt.
S. 158/159: Rafting auf dem Otra in Südnorwegen.

Produktmanagement: Stephanie Iber
Grafische und redaktionelle Umsetzung: VerlagsService Dr. Helmut Neuberger & Karl Schaumann GmbH, München
Repro: Repro Ludwig, Zell am See
Umschlagentwurf: Studio Schübel, München
Umschlaggestaltung: Sabine Fuchs, Fuchs-Design, München
Kartografie: Astrid Fischer-Leitl, München
Herstellung: Bettina Schippel
Printed in Slovenia bei Florjancic

Für Hinweise und Anregungen sind wir jederzeit dankbar. Bitte richten Sie diese an:
Bruckmann Verlag
Postfach 40 02 09
D-80702 München
E-Mail: lektorat@bruckmann.de

Die Deutsche Nationalbibliothek verzeichnet diese Publikation in der Deutschen Nationalbibliografie; detaillierte bibliografische Daten sind im Internet über http://dnb.d-nb.de abrufbar.

Die Originalausgabe erschien 2009 unter dem Titel »Norwegen« im Bruckmann Verlag.

Vollständig aktualisierte und überarbeitete Ausgabe

ISBN 978-3-7654-5535-3

In gleicher Reihe erschienen ...

ISBN 978-3-7654-5645-9

ISBN 978-3-7654-5854-5

ISBN 978-3-7654-5644-2

ISBN 978-3-7654-5647-3

ISBN 978-3-7654-5643-5

ISBN 978-3-7654-5821-7

ISBN 978-3-7654-5535-3

ISBN 978-3-7654-5646-6

ISBN 978-3-7654-5649-7

ISBN 978-3-7654-5372-4

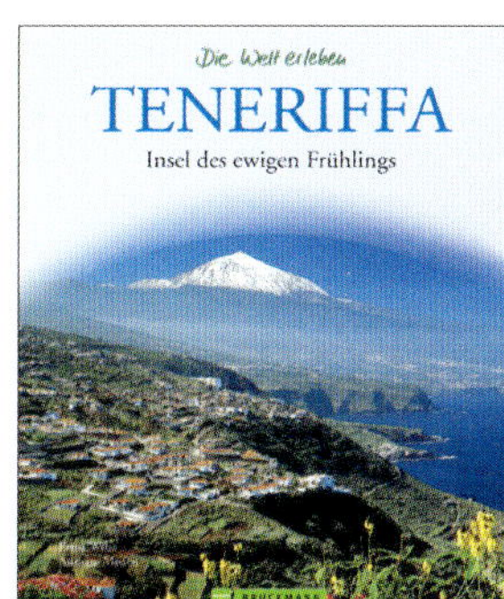

ISBN 978-3-7654-5642-8

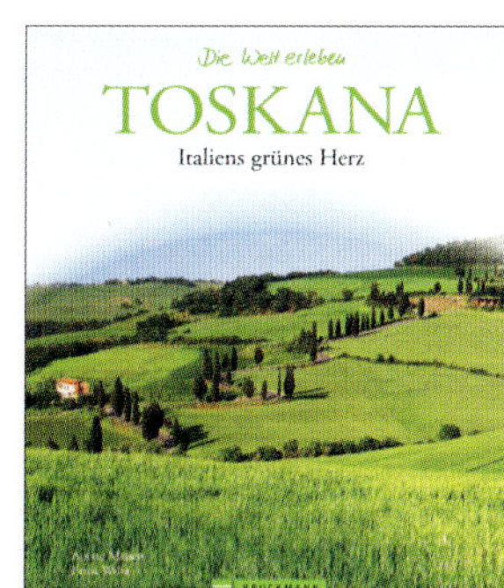

ISBN 978-3-7654-5648-0

BRUCKMANN

www.bruckmann.de